KB216995

가정, 내어드림

가정, 내어드림

이용규

규장

하나님, 우리의 마음 깊은 곳의 불안을
주님 앞에 내어놓습니다.

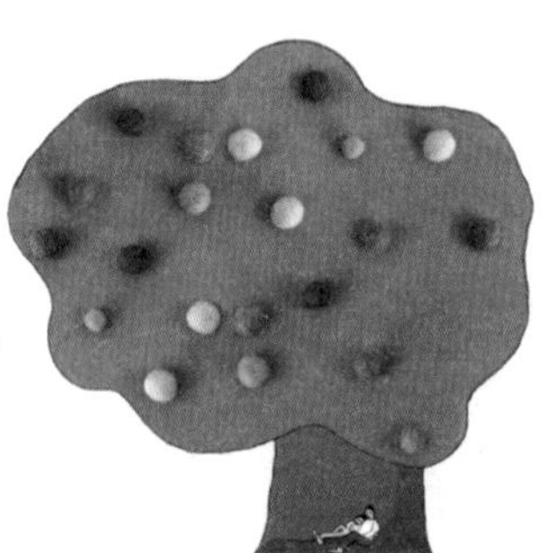

사탄이 집요하게 심어준 경쟁의 논리,
무언가를 하지 않으면 뒤처질 것 같고, 죽을 것 같고,

세상의 끝에 도달할 것처럼 느껴지는
불안과 두려움 때문에

"남들도 다 이렇게 하는데, 왜 너만 못해!"라고
아이들을 윽박지르고,

때로는 좋은 학원에 다니게 하는 것만으로
부모의 역할을 다한 것으로 착각하면서

아이들과 말씀 안에서 함께 씨름하며
직접 하나님에 대해 가르치는 노력을 포기했다면,

주님, 우리를 긍휼히 여겨주시고
인도해주십시오.

우리가 스스로와 자녀의 삶을 이끌어가려 했던
애씀이나 집착을 잠시 내어놓고

주님을 바라보고 신뢰하며 기대하기를 원합니다.

때로는 길이 막힐 때마다
불안하고 두렵고 좌절이 찾아오겠지만
그것에 지지 않게 하시고

믿음이 승리하는 아름다운 결실들이
나와 내 자녀의 삶 가운데 나타나게 해주십시오.

실패를 두려워하지 않게 해주시고,
고생을 걱정하지 않게 하시며,

내 뒤에서 나를 붙들고 인도하셨던
그 하나님의 손길을 신뢰하면서

우리의 자녀들의 미래를

주님께 온전히 의탁할 수 있게 이끌어주십시오.

우리 안에
"너희가 진리를 알지니
진리가 너희를 자유케 하리라"라는 말씀이
자녀 교육의 영역에 있어서도
살아 역사하실 수 있도록

주님,
함께하여 주옵소서.

차 례

들어가는 글

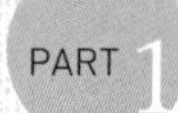

PART 1

부부, 내어드림

01 하나님으로 충분한가? 22
02 결핍과 평안 38
03 가정의 목표 60
04 부부 갈등 극복하기 76

PART 2

자녀, 내어드림

05 자녀 교육의 목표 98
06 육아와 하나님의 자유 110
07 아이의 모습 그대로 받아들이는가? 134
08 부모로서의 성공 152

PART 3

미래, 내어드림

09 최선의 선택 172

10 성적보다 중요한 것 194

11 다름을 중시하는 교육 212

12 좋은 학교란? 234

마무리 글

들어가는 글

하나님나라 원리가
실현되는 가정

크리스천 가정의 숙제

한국 교회의 성숙도는 교인 가정의 성숙도 및 자녀를 양육하는 목적과 방향성을 보면 가늠할 수 있다. 한국 교회는 이 부분에서 많은 도전에 직면해 있으며, 더 성숙되어야 한다. 우리의 가정은 하나님나라의 원리가 가장 잘 실현되고 드러나야 할 영역임에도 실제로는 하나님을 초청하기가 가장 어렵다.

교회에서는 하나님을 잘 믿는 것처럼 보이는 사람이, 가정에서는 여전히 영적, 감정적, 관계적인 문제가 해결되지 않아 내면의 모난 모습을 그대로 드러내는 경우가 많다. 그래서 그 가족들이 상처를 입고 힘들어하는 모습을 본다.

최근에 나는 선교사와 목회자 자녀(MK, missionary kids)를 위한 사역을 하게 되었다. 그 과정에서 수많은 MK가 그들이 겪은 아픔을 내게 토로해왔다. 그나마 상처를 나눌 수 있는 것은 건강한 경우에 속한다. 그런데 그들만이 그런 상처를 받았을까? 교회 중직자 가정에도 이와 동일하거나 그 이상의 아픔을 경험한 자녀들이 많을 것이다.

한국 교회 안에 부모와 자녀 세대의 단절 현상이 두드러져 보인다.

자녀들이 대학에 가면 더 이상 교회에 다니지 않는 경우가 많다. 강요된 신앙으로 자녀들을 끌고 갈 수 있는 시기는 최대치가 사춘기 전까지인 것 같다. 그 이후에는 자녀들에게 부모의 입김이나 영향력을 더 이상 끼치기 어렵기에 그들이 서서히 하나님을 떠나거나 교회를 떠난다.

선교지에 살면서 가장 안타까운 일은, 사역을 열심히 잘 감당하는 선교사들의 가정이 건강하지 못하고 깨지는 경우를 때때로 접한다는 것이다. 자녀와 부모 사이에 깊은 교감이 없거나, 부부가 탈진하여 서로에 대해 감정적으로 고갈되기도 한다.

그 이유가 무엇일까? 하나님께서 그 가정을 선교지에 보내신 목적이 일만 시키려는 데 있을까? 왜 선교사 가정을 방치하고 돕지 않으시는 걸까? 과연 가정의 문제에 있어서 하나님은 신뢰할 만한 분인가? 어쩌면 우리가 하나님의 생각과 의도를 오해하고 자기 방식으로 가정생활을 유지하기 때문은 아닐까?

실제로 나도 아내와 관계 속에서 그리고 아이들을 키우는 과정에서 많은 시행착오를 겪었다. 그러면서 문제의식을 갖고 성경을 읽으며 묵상하는 가운데 선교지에서 어떻게 가정을 돌보고 자녀를 양육해야 하는지 깨닫게 되었다. 한편으로, 10년 넘게 여러 선교사들과 공동체 안에서 함께 사역을 하다 보니 가정의 문제가 사역에 미치는 영향에도 주목하게 되었다. 아무리 유능한 사람이라도 부부 사이에 어려움이 생기면 선교지에서 오래 버티지 못했다. 또한 주변 사람들과도 좋은 관계를 맺기 어려웠다. 그 문제가 해결되지 않고 계속 쌓이면 결국 관계의 짐을 이기지 못해 사역지를 떠났다.

반면에, 하나님의 은혜 안에 건강하게 뿌리내린 가정들로 이루어진 공동체는 아름답게 자라가며 그것이 자연스럽게 사역의 열매로 이어지곤 한다. 한 가정이 변화되면 그 관계가 깊어지고 아름답게 다듬어지는 과정에서 좋은 에너지가 흘러나와 전체 사역에 긍정적인 영향을 끼친다. 이런 경험을 통해 나는 선교지에서 가정의 중요성을 깨닫게 되었고, 한국 교회의 가정에 대해서도 더 깊이 들여다볼 수 있게 되었다.

평생 교육 현장에서 살다

나는 평생을 학교에서 지내왔다. 그래서 내가 아침에 집을 나설 때면 아이들이 당연하다는 듯 "아빠, 학교에 가요?"라고 묻는다. 특히 셋째는 등교 시간이 되면 "아빠도 학교에 가니까 나도 학교에 가야 해"라고 말한다. 우리 가정에는 네 자녀가 있다. 현재 큰아이는 고등학생, 둘째는 중학생, 셋째는 초등학생, 넷째는 유치원생이다. 첫째부터 셋째까지는 우리가 세운 인도네시아 학교에서 공부하고 있다. 학생이 36명인 작은 학교이다.

우리는 사역팀과 함께 교육 원칙을 정하고 학교를 세웠다. 그리고 이 학교를 통해서 선교사 자녀, 현지의 한인 자녀, 인도네시아 가정의 자녀들을 양육하며 가르치고 있다. 우리가 믿음 안에서 옳다고 생각하는 방향대로 아이들을 가르칠 수 있어서 정말 감사하다.

나는 한국에서 초·중·고 과정을 거쳐서 대학교와 대학원 과정까지 마쳤기에 한국 교육의 체계를 잘 이해하고 있다. 또 미국에서 박사 과정을 마쳤고, 1년 정도 티칭 펠로우(teaching fellow)로서 미국 대학교에서 가르쳤다. 어느 장학금 위원회의 심사위원으로서 미국 교육계에서 어떻게 인재를 가려내는지 배우는 기회도 가졌다. 그리고 미국에 거주하는 동안 파트타임으로 조기 유학생들의 가디언(guardian) 역할을 하며 학업을 지도하기도 했다.

몽골에서는 몽골국제대학교에서 교수직과 보직을 겸해서 맡아 섬기다가 마지막 4년 동안은 부총장으로 학사 운영을 책임졌다. 그리고 지금은 인도네시아에서 재단설립 이사장으로 기독교 초·중·고등학교를 세우고, 대학교 설립을 지휘하고 있다. 이 학교는 세계 최대의 이슬람 국가인 인도네시아에서 정부가 공인한 기독교 초등학교가 되었고, 현재 중·고등학교도 인허가 작업 중에 있다.

이렇듯 하나님께서 내 평생을 교육 현장에서 살도록 허락하셨기에, 나는 현재 신앙과 교육을 통합적으로 결합하는 교육체계를 만들기 위해 애쓰고 있다. 그래서인지 교육과 자녀 양육에 대해 누구보다 많은 고민을 해왔지만, 정작 이 주제로 글을 써보라는 제안을 받았을 때는 자신이 없었다.

이런 글을 쓰는 것은 자녀들을 다 키워놓은 먼 훗날이 될 것이라고 생각해왔기 때문이다. 특히 넷 중 두 아이가 사춘기를 지나는 중이라 여전히 당혹스러울 때가 많기에 '우리 부부가 자녀 교육에 대해 말할 수 있으려면 막내까지 다 키워놓은 뒤여야 하지 않을까'라고 생각하고 있었다. 그러던 중 2015년 겨울, 서울 새로운교회에서 자녀 교육

세미나를 갖게 되었다. 그때 처음으로 내 생각을 정리하며, 자녀 양육과 교육에 대해 내 안에 잠시 묻어둔 주제들을 묵상하게 되었다.

교회 선배 이야기처럼

가정이나 자녀 양육, 자녀 교육 등의 주제로 글을 쓰는 것이 맞는지 묵상하던 중에 지금 이 글을 필요로 하는 누군가가 있을 것이라는 생각이 들었다. 우리는 도시화와 핵가족화가 진행된 사회에서 살면서 이미 많은 단절과 장벽에 둘러싸여 있다. 그래서 가정 문제로 고민이 있어도 쉽게 찾아가 의논하고 상담할 수 있는 선배나 멘토가 가까이에 없는 경우가 많다.

또 세상 속에서 경쟁의 틀에 갇혀 살다보니 저마다 다른 방식으로 살아온 삶의 이야기를 들을 기회가 상대적으로 많지 않다. 그래서 나는 독자들이 이 책을 읽는 동안에 이웃집 아저씨나 동네 형이 들려주는 이야기에 귀 기울이듯 편안히 들으면서 자신의 고민을 객관화하는 시간을 가질 수 있기를 바란다.

내게도 아내와 관계로 인해 그리고 선교지에서 아이들을 키우느라 갈등하고 낙담하던 시기가 있었다. 나는 우리가 제법 좋은 부부라고 생각했었다. 아마 선교지로 보냄 받지 않았다면 서로에게 어떤 문제가 내재하여 있는지 직면하지 않은 채 적당히 좋은 부부로 살았을지도 모른다.

몽골에 선교사로 들어가면서부터 본격적인 어려움이 불거지기 시작했다. 하지만 기존에 해결되지 않고 쌓여있던 문제들이 서로가 정서적으로 건강하여 의지를 가지고 스스로를 다스릴 때에는 드러나지 않다가 영적, 정서적으로 지치고 고갈된 때에 수면 위로 올라온 것 같았다.

처음에는 문제가 없는 것처럼 눌러놓고 애써 드러내지 않으려고 했다. 외부에 도움을 요청할 생각도 못했고, 또 그럴 만한 사람도 마땅히 없었다. 나보다 연배가 위고, 영적으로나 인격적으로 신뢰가 가며, 편안하게 다가가 하나님의 관점에서 내 문제를 볼 수 있도록 도움을 청할 누군가가 필요했지만, 막상 찾기가 쉽지 않았다.

나는 가정생활에 하나님나라의 원리가 어떻게 적용될 수 있는지 경험하고 훈련을 받으며, 이것이 누군가를 돕는 통로로 사용되기를 기대하게 되었다.

이 책은 부부 관계와 자녀 양육 그리고 자녀의 교육 문제에 대한 내 생각과 경험을 에세이 형식으로 쓴 것이다. 하나님을 신뢰하고, 그분의 방식으로 살아가며 자녀를 양육하고자 고민하는 부모들을 위한 글이기도 하다. 이 책을 통해 그들을 격려하고 위로하며, 새로운 기대를 갖도록 도전하고 싶다.

이 책의 일부 장과 문단에는 아내가 쓴 글이 첨가되어 있다. 이 글은 부부 관계와 자녀 양육에 대한 내용을 담고 있기에 아내의 시각이 독자들에게 다른 렌즈를 제시해줄 거라고 여겼다.

자녀 양육의 기술이나 요령을 전수할 목적으로 쓴 글들이 아니어서 혹시 하나님의 뜻을 구하며 자녀를 키우는 일에 관심이 없다면 직접적인 도움이 되지 않을 수도 있다. 왜냐하면 최선의 원칙이나 방법을 이야기하지 않기 때문이다.

하나님이 우리 자녀들에게 갖고 계신 계획은 각기 다르다. 그분은 자녀를 저마다 다르게 지으셨다. 그래서 각 자녀마다 다른 모험이 기다리고 있다.

내가 이 책에서 나누는 미국이나 다른 나라 대학 입학의 예는 자녀의 진학이나 진로에 우리의 생각을 뛰어넘는 수많은 인도하심이 있음을 설명하려는 것일 뿐, 대학 진학을 위한 최고의 방법을 전수하려는 것이 아니다. 그저 자녀의 인생에 다양한 길과 돌파가 있을 수 있음을 전하고 싶었다.

하지만 이것을 볼 수 있으려면 부모가 먼저 하나님을 만나고, 경험하고, 변해야 한다. 그래야 그분의 지혜와 방법을 배우며, 어떻게 자녀를 기다려주고 도울지 깨닫게 된다. 그때 비로소 자유 안에서 여유와 기대를 가지고 자녀의 인생 설계를 도울 수 있을 것이다.

이용규

PART 1

부부, 내어드림

1장

하나님으로 충분한가?

믿음의 시작

최근에 대학 사역을 새로이 시작하고, 자녀들의 문제를 돌아보는 과정에서 하나님께서 내게 도전적으로 질문하셨다.

'너는 어떤 어려움 가운데에서도 여전히 하나님으로 충분하다고 고백할 수 있겠니?'

기도하는 가운데 진실로 하나님 외에 그 어떤 것도 의지할 수 없다는 생각이 나를 지배했고, 마음을 다해 기쁘게 "아멘"으로 고백할 수 있었다. 그리고 얼마 지나지 않아서 갓피플(Godpeople.com)에 올라온 글을 읽게 되었다. 하나님만이 우리의 유일한 만족이 되신다는 고백이 담긴 글이었다.

내가 요즘 고백하는 내용을 잘 정리해주는 멋진 글이라고 생각했다. 그래서 누구의 글인지 찾아보다가 《내려놓음》 중에서 발췌했다는 문구를 보고 당황했다. 그 책을 쓸 당시 성령의 감동 가운데 선포적으로 적은 고백들이 있었지만 10여 년이 지난 지금은 그 책에

뭐라고 썼는지 구체적인 내용을 모두 기억하지는 못한다.

당시는 지금보다 하나님에 대한 경험이 훨씬 적었는데도 최근에 내가 경험적으로 고백하는 내용을 믿음으로 담대하게 선포할 수 있었다는 사실이 놀라웠다. 그 고백들은 믿음으로 한 선포였다. 내 진심이 담겨있지만 다 살아낸 후에 증명된 이야기는 아니었다.

책을 낸 후 12년 동안 살아낸 뒤의 고백이 이전에 믿음으로 선포했던 것과 동일선상에 있음을 확인한 것이다. 하나님께서는 《내려놓음》을 쓸 당시의 고백을 기뻐하셨고, 내 삶의 여정 가운데 그것이 진실이었음을 확증하는 과정을 갖게 하셨다. 하나님은 내 인생을 맡기기에 충분히 신실한 분이시다.

최근에 사역자들을 상담할 기회가 많았다. 대부분 신앙적 연륜도 있고, 각자의 사역에서 두각을 나타내는 이들이었다. 그들의 고민을 들으며 한 가지 질문을 공통적으로 던지게 되었다.

"혹시 하나님으로 충분하다고 고백할 수 있으세요?"

그들이 씨름하는 문제의 대부분이 이 질문에 답하지 못하여 생긴 것 같았다. 하나님으로 충분함을 믿음으로 고백할 때, 우리가 문제로 여기던 것들이 더 이상 문제가 아님을 깨닫게 된다.

많은 사람들이 하나님이 필요하다고 인정한다. 그래서 교회 안에 머물며 신앙생활을 한다. 하지만 하나님을 필요로 하는 것이 신앙의 시작점은 될 수 있어도 성숙된 단계는 아니다. 믿음생활이 본격적인 궤도에 안착하는 것은 '하나님으로 충분한가?'라는 질문에 답할 수 있을 때부터이다.

우리는 수학 시간에 명제의 필요조건과 충분조건이라는 용어를 배웠다. '필요조건'이란 어떤 결과가 발생하기 위해 꼭 있어야 할 조건이다. 즉 어떤 진술이 참이 되기 위해 반드시 충족되어야 하는 조건이다.

예를 들면, 고등학교 졸업장은 대학 입학을 위한 필요조건이다. 그러나 대학 입학의 충분조건은 되지 못한다. 대학 입학을 위해서는 높은 수능 성적이나 좋은 학생부 기록 등 다른 조건이 채워져야 한다.

반면에, '충분조건'은 그 자체만으로 어떤 결과를 빚을 수 있다. 충분조건이 만족되었을 때 비로소 진술의 참 됨이 보장된다. 가령, 수업에 출석하지 않아서 F를 연거푸 받는 것은 대학에 더 이상 다니지 못하는 결과를 불러일으키는 충분조건이 된다.

하나님은 우리 인생의 필요조건이며 충분조건이시다. 그분이 내 인생에 필요조건으로만 머무른다면 그분이 충분조건이라고 고백하는 삶과 비교할 때 어떤 것을 선택하고 어떻게 결정하는가에 중요한 차이를 가져온다. 하나님으로 충분함을 경험하며 살아가는 사람과 그렇지 못한 사람들은 삶의 문제를 풀어가는 방식에 선명한 차이를 보인다.

그러면 왜 하나님으로 충분하다는 고백이 '믿음의 시작'이 될까?

관계 속으로 부르시는 하나님

성경의 하나님을 믿는 것이 다른 종교의 신을 믿는 것과 근본적으로 다른 점이 있다. 하나님과 우리가 진정한 관계 속에 하나가 되는 것이 핵심이라는 점이다. 하나님은 이미 세 분이 하나가 되는 온전한 관계를 이루셨다. 그 관계를 사람과 관계 속에서 확장하시는 것이 그분이 인간을 창조하신 목적이다.

하나님이 세상과 사람을 창조하실 때, 애정을 다해 특별한 섬세함과 노력을 기울이셨다고 성경은 말한다. 이런 창조의 노력은 다른 종교의 창조론에서는 보이지 않는 특징이다.

대부분의 창조 설화는 세상이 신들의 전쟁이나 실수에 의해 우연히 만들어졌다고 설명한다. 다윈의 진화론도 결국은 세상이 우연히 만들어졌다고 하는 점에서 다른 창조 신화와 같은 관점을 가진다. 오직 성경만이 하나님과 세상과 사람의 관계에 대해 다른 이해를 준다.

이런 하나님에 대한 이해는 세상의 모든 종교가 설명하는 신관

(神觀)과 근본적인 차이가 있다. 다른 종교는 인간이 자신의 목적을 이루기 위해 신을 이용하는 데 목적을 둔다. 그래서 신을 경배하고, 신에게 잘 보이려 복종하고, 착하게 살아간다. 이는 현세에서 복을 받아 큰 어려움 없이 편안하게 살기 위함이거나 내세를 보장받기 위함이다.

지난 여름, 일본에 집회차 갔다가 몇몇 지역을 여행하면서 신사와 절을 관람했다. 그 앞에는 항상 많은 일본인들이 소원을 빌기 위해 긴 행렬을 이루고 있었다. 그것은 몽골의 라마불교 사원에서 자주 보던 풍경과 다를 바 없었다.

그들은 신에게 자신의 마음을 나누고, 신이 자신의 삶에 찾아와 그의 생각과 마음을 나눠주는 것에는 관심이 없다. 잠깐의 짧은 기도에 담긴 모든 내용은 절박한 소원을 아뢰는 것이다.

일본인의 집집마다 신이 있고, 마을마다 신이 있다. 그 중 가장 지배적인 신은 일왕가의 조상신인 태양신이다. 이런 신관은 일본의 정치적 현실을 반영한다. 바쿠후 시대에는 상징적인 지배자인 일왕 밑에 쇼군, 그 밑에 큰 영지를 지배하는 다이묘, 그리고 작은 영지를 받아 다스리는 사무라이가 백성을 통치했다.

그들의 미움을 사면 큰 어려움을 당하거나 죽임을 당할 수 있었다. 그래서 그들 앞에서는 허리를 굽혀야 했다. 그들은 자기 영역

안에 있는 백성을 보호하며 생업을 지켜주었고, 백성들은 노역과 세금을 바치며 지배자를 받들었다. 일본인들의 신은 바로 이런 통치자의 이미지가 투영되어 나타난 것이다.

백성들은 자신의 마을을 보호하기 위해 지배자의 통치가 필요했고 그들을 멀리할 수 없었지만, 그렇다고 가까이에 머물기는 부담스러웠다. 신분의 차이 때문에 지배자와 가까이 지내며 마음을 나누는 친구가 되는 것은 꿈도 꿀 수 없었다. 그저 각자의 역할을 감당하며 서로에게 방해만 되지 않으면 그만이었다.

일본인에게 신의 존재는 그런 것이다. 그래서 자기 집 수호신의 위치는 안방이 아닌 집 밖에 있다. 결국 신에게 비는 행위는 신을 사랑하거나 신과 하나 되기 위한 것이 아니라 자신이 원하는 것을 이루기 위한 수단이다. 즉, 비는 행위의 가장 중심에는 신이 존재하지 않는다. 그 자리에는 자신의 안위가 있다. 결국 신사를 찾아 기도하는 일본인에게 궁극의 신은 바로 '자신'인 셈이다.

일본을 넘어서 아시아권의 사찰과 신전에서 행해지는 기도나 종교의식도 결국 자신을 챙기고 돌보는 행위라 할 수 있다. 내 열심으로 신을 조종해서 내 필요를 채우는 것이 기본적인 신앙의 동기이다.

세상의 일반 종교가 신자에게 요구하는 것은 신과 관계 속으로 들어가는 것이 아니다. 그저 신적 존재에 대한 복종이 요구되고, 그렇게 순종의 모양새를 갖추면 그만큼 어떤 보상이 주어지는, 기브

앤 테이크(give & take) 관계의 틀을 가질 뿐이다.

반면, 성경의 하나님을 믿는다는 것은 그 중심에 하나님을 초청하고 그분과 관계 속에 들어가는 것이다. 이것이 세상의 다른 종교를 믿는 것과 하나님을 믿는 것의 가장 중요한 차이점이다.

안정감과 중요감이 필요하다

하나님께서는 우리를 만드실 때 우리 내면에 큰 공백을 만들어두셨다. 우리와 관계 속으로 들어가기 위해 만들어두신 필요이다. 그래서 그 공백은 하나님만이 온전히 채우실 수 있다.

성경은 우리와 하나님의 관계를 설명하기 위해 부부의 관계를 예로 든다. 남자에게는 여자에 의해서만 채워질 수 있는 필요가 있다. 또한 여자에게는 남자와 관계 속에서만 채워지는 생리적, 감정적, 사회적 필요가 있다. 남자와 여자는 서로의 필요를 채워줄 수 있도록 만들어졌다. 그 필요가 채워짐을 통해 서로 안정감을 누리게 된다. 그 두 필요가 만나서 하나의 가정을 이룬다.

우리 내면의 큰 공백을 채울 수 있는 정서적, 감정적 필요가 바로 안정감과 중요감이다. 안정감은 누군가에게 사랑받고 수용되며 공감되고 이해받는다고 느낄 때 생기는 감정이다. 여성에게는 상대적으로 안정감이 중요하다.

한편, 중요감은 자신이 인정받고 존중받는다고 느끼는 감정이다. 이 감정은 특히 남성에게 중요한데 자신이 꼭 필요하고 중요한 존재로 대우받으며 영향력 있는 사람이라고 인정받을 때, 이 중요감이 채워진다.

어려서부터 부모와 주변 사람들에게 사랑과 인정을 많이 받고 자란 아이는 이 두 필요가 채워져서 높은 자존감을 갖게 된다. 그러나 성장 과정에서 안정감과 중요감 중 하나라도 결핍이 생기면 자존감이 낮고 불안해서 무언가에 집착하여 자기를 채우려는 성향이 강해진다. 그래서 무언가에 충동적이고 비정상적으로 집착하게 되는데, 이것이 바로 '중독'이다.

문제는 부모도 죄성과 인간적인 연약함이 있고, 그들의 불완전한 부모와 환경으로 인한 상처가 있다는 점이다. 그래서 자녀들의 안정감과 중요감을 채워주지 못해 그 상처가 재생산되곤 한다.

죄 된 세상에서는 온전하고 건강한 자존감을 갖고 평생을 살 수 있도록 우리의 안정감과 중요감을 채워줄 인간관계를 찾기가 쉽지 않다. 대부분의 인간관계는 조건적이다. 한계를 가진 인간은 서로를 무조건 사랑하고 인정해줄 수 없기 때문이다. 다른 사람과 관계 속에서 다소 채워질 수는 있겠지만 궁극적으로는 하나님만이 빈 공

어려서부터 부모와 주변 사람들에게
사랑과 인정을 많이 받고 자란 아이는
이 두 필요가 채워져서 높은 자존감을 갖게 된다.

간을 온전히 채우실 수 있다.

안정감과 중요감이 결핍되면 우리는 끊임없이 애쓰고 노력해서 무언가로 자신을 채워야 한다는 불안에 시달린다. 이는 아담이 선악과를 먹고 난 후에 생긴 수치심과 불안감을 나뭇잎으로 가리려 했던 것과 마찬가지이다.

죄로 인해 하나님과 관계가 단절되면서 그분으로부터 오던 정서적 공급이 끊어지자, 인간은 스스로의 행위로 이를 해결하려고 애쓰게 되었다. 열심히 노력하면 원하는 것을 이룰 것이라는 거짓 희망을 가지고 살아가는 것이다.

하나님이 아닌 눈에 보이는 누군가, 즉 부모님, 배우자, 자녀, 선생님, 직장 상사, 동료, 학교 친구, 목회자, 교우들로부터 안정감과 중요감을 채우려 애쓰고 노력한다. 그러다가 노력한 만큼 얻지 못하면 배신감과 분노로 좌절한다. 인간관계에 자신이 없어지며 흥미를 잃고 우울증에 빠지거나 은둔하거나 게임, 도박, 술, 향락, 포르노 등에 집착하게 된다.

우리는 안정감과 중요감을 얻는 수단으로 돈, 외모, 성공, 명예, 칭찬, 인기, 권력, 통제력, 남을 조종할 수 있는 힘 등을 얻기 위해 몰두하기도 한다. 하지만 이런 것들은 우리를 잠시 잠깐 만족시킬 수는 있어도 결국은 더 큰 갈증으로 몰아간다.

우리의 빈 공간은 이런 것으로는 채워질 수 없기에 더 큰 자극을 계속 원하게 된다(이 단락에서 말하는 안정감과 중요감은 래리 크랩의 용어를 빌린 것이며, 그 개념의 적용과 관련해서 현일승 목사님의 내적치유 강의에서 도움을 받았다).

우상과 중독으로부터의 자유

이 공백을 하나님이 아닌 다른 대상에게서 채우려 할 때, 그것이 우리에게 우상이 된다. 우상은 눈으로 봐서 좋은 것들이다. 그것 없이는 죽을 것 같은 불안감을 주어서 우리를 구속(拘束)한다.

때로는 안정감과 중요감을 채우기 위해 누군가를 조종하려는 성향이 강해진다. 연애 시절, 상대방에게 잘하는 것이 사랑의 섬김일 수도 있지만 상대의 마음을 얻기 위한 수단이 되기도 한다. 친절과 베풂의 동기가 누군가를 조종하는 것이라면 둘 사이에 진정한 관계와 채움은 얻을 수 없다.

교회생활을 하면서도 하나님을 제대로 경험하지 못하면 이런 조종 행위를 하면서 섬김이라고 착각할 수 있다. 하나님과 관계에서 지속적인 채움을 경험하지 못한 사람은 자신이 '좋은 성도'라는 사실을 스스로와 남에게 각인시키고, 안정감과 중요감을 얻으려는 동기에서 봉사와 헌신을 한다.

때로는 자기 목표를 이루는 수단으로 장래 남편감이나 아내감을 찾는 경우가 있다. 자신의 단점을 가려줄 것 같은 대상에게 끌리기도 하고, 자신이 이루지 못한 것을 가진 대상에게 끌리기도 한다. 그러다가 자신의 단점이 상대방에게서 보이면 실망하고 호감을 잃는다. 결혼 후에 배우자가 자신의 기대를 채워줄 수 없다고 느끼면, 좌절하고 원망하며 상대를 미워하기까지 한다.

그런가 하면 자녀가 자신이 이루지 못한 어떤 것을 이루는 존재로 성장하기를 기대한다. 한 예로 자신이 다닌 대학에 대한 열등감이 있는 경우, 자녀는 더 나은 대학에 보내겠다는 일념으로 자녀 교육에 몰두하기도 한다.

이런 마음으로 자녀 교육에 최선을 다하는 것은 조종 행위가 될 수 있다. 물론 그 희생과 섬김 안에는 자녀에 대한 사랑이 깔려있지만, 이는 자기만족을 위한 행위가 되기도 한다.

이런 동기가 건강하지 못한 결과를 가져올 가능성이 높은 이유는, 자녀가 아무리 성적을 올려도 부모에게 불안이 찾아오면 더 많은 노력을 자녀에게 요구하게 되기 때문이다. 이렇게 되면 자녀는 더 이상 견디지 못하고 부모로부터 인정받는 것을 포기하거나 부모와의 관계로부터 도피할 방법을 찾게 된다.

이 세상의 어떤 것도 우리의 내면을 건강하게 만족시킬 수 없다. 우리가 하나님만이 유일하게 부작용 없이 온전히 채울 수 있는 분임을 깨달을 때, 그 어떤 집착으로부터 자유할 수 있다.

믿음을 통해서 하나님과 온전한 신뢰 관계에 들어갈 때 비로소 그분이 부어주시는 하늘의 복된 자원을 누리게 된다. 그러면 세상이나 주변 사람들에게서 감정적 채움이나 인정을 받지 못한다고 해도 힘들지 않다.

내려놓음과 하나님으로 만족함

나는 이전 책인《내려놓음》과《더 내려놓음》을 통해 이런 우리의 불안에서 비롯되는 집착과 조종을 하나님께 내어드리는 것에 대해 말했다. 돈과 명예와 성공의 기회를 내려놓는 것은 이름도 빛도 없이 모든 것을 포기하고 가난하게 살라는 뜻이 아니다. 돈과 명예, 성공의 기회를 잡고자 하는 집착을 내려놓으라는 것이다.

우리가 돈을 놓지 못하는 근본적인 이유는 돈이 없으면 불행해질 것이라는 불안 때문이다. 돈에 집착하면 결코 하나님에 대한 믿음을 가질 수 없다. 따라서 돈을 벌어서 나를 만족시키고 드러내려는 노력이나 그로 인해 파생되는 조종 행위들이 결국은 나를 더 심한 갈증과 어두움 속으로 몰아넣는다는 사실을 인식하고 집착을 포기해야 한다.

"돈을 내려놓으라"라는 말의 영적 의미는 믿음을 사용해서 돈에 대한 두려움과 집착을 이기고, 하나님께서 주시는 풍성함을 기대하라는 것이다. 다르게 표현하면, 스스로의 열심으로 돈을 얻어내어 그것으로 자신을 채우려는 노력을 포기하라는 것이다.

같은 맥락에서 "자녀를 내려놓으라"라는 말은 자녀를 방치하라는 뜻이 아니다. 자녀를 자신의 안정감의 근거로 삼아서 구속하고 조종하지 말라는 것이다. 또 부모가 자녀에게 구속되는 삶의 굴레에서 자유케 되어 믿음 안에서 그들의 앞날을 하나님께 온전히 의탁하라는 것이다.

> 네 모든 자녀는 여호와의 교훈을 받을 것이니
> 네 자녀에게는 큰 평안이 있을 것이며 사 54:13

그때 비로소 자녀들로 인해 일희일비하지 않고 자녀를 양육하는 참 기쁨을 소유하게 된다. 그럴 때 우리의 자녀를 향한 애정과 열심이 그들을 구속하는 것이 아니라 자유케 할 수 있다. 또한 부모의 애씀과 열심이 자녀에게 긍정적인 결과로 나타날 수 있다.

남편과 아내의 관계도 마찬가지이다. 내가 하나님에게서 안정감과 중요감을 충분히 얻으면, 배우자를 더 이상 내 필요를 채워주어야 하는 존재로 여기지 않는다. 오히려 긍휼한 눈으로 남편과 아내를 바라보며, 그(그녀)의 중요감과 안정감을 어떻게 채워줄지 고민하게 된다. 때로 좋은 남편과 아내로 인해 우리 내면이 채움 받고 편안할 수도 있지만 그것은 일시적일 뿐 영원히 지속될 수는 없다. 먼저 하나님을 통한 채움으로 서로가 충만할 때, 부부 관계가 더 깊어지고 성숙해진다.

결핍과 평안

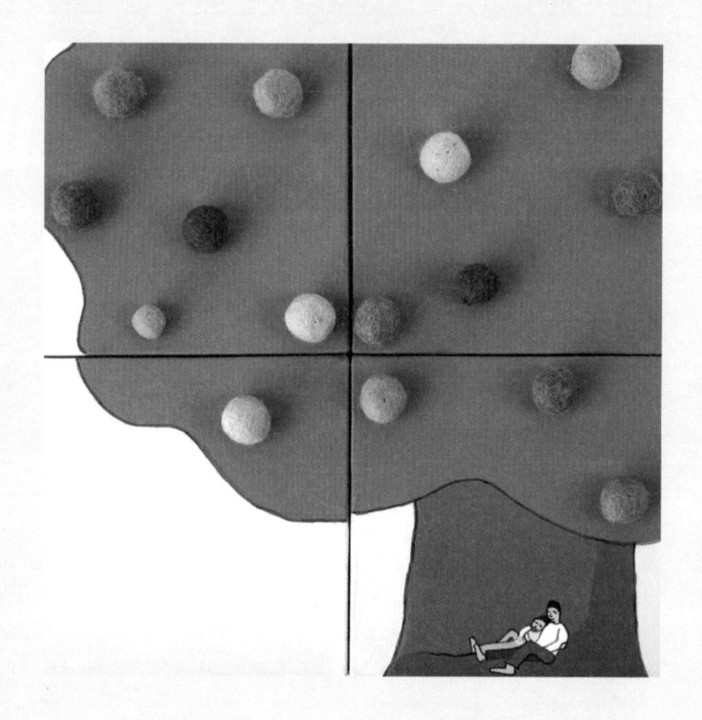

부담을 즐기라

'과연 이 세상을 살아가면서 하나님만으로 충분한가?'

내가 이 질문에 대해 진심으로 "Yes, indeed"(정말 그렇습니다)라고 고백할 수 있기까지 하나님께서는 지난 2년간 스스로에게 묻고 확인할 시간을 여러 번 주셨다. 그것이 고백되지 않고서는 다음 사역으로 넘어갈 수 없기에 계속 이 질문을 주셨던 것이다.

2016년을 맞을 무렵, 내 마음에 부담이 많았다. 대학 캠퍼스의 건축 허가를 기다리는 중이었다. 1년이 넘도록 그 과정을 밟아왔는데 마지막으로 지방정부 책임자의 사인을 받는 과정이 매우 길고 지난했다.

일주일이 멀다 하고 찾아가도 계속 기다리라는 답만 받았다. 돈을 요구한다고 느꼈지만 그럴 수는 없었기에 마냥 기다려야만 했다.

어느 순간, 더 기다릴 수가 없어서 하나님께서 주신 마음을 따라 일단 공사를 시작하기로 결정했다. 그런데 공사를 시작한 지 열흘

만에 전체 캠퍼스 마스터플랜에 대한 건축 허가가 나왔다. 하나님께서 은혜를 주셔서 맡은 자들의 마음을 움직여주신 것이다. 말로 다 할 수 없는 은혜와 도움 가운데 건축을 시작했다.

이 일 가운데 내게 가장 큰 마음의 부담은 '재정'이었다. 35억 원 정도가 소요될 것으로 예측하고 건축을 결정했는데, 세금과 허가 작업, 단지에 내야 할 밀린 분납금, 인테리어와 건물 외부 환경 정리 등 공사 비용이 추가되어 실제 건축에 필요한 총 경비가 50억 원에 이르렀다.

나는 이 사실을 2016년 초반, 공사 시작 전에 알게 되었다. 또한 재단과 학교를 운영하는 데 사용할 경비도 추가로 필요한 상황이었다. 건축을 시작하기 전, 기도 가운데 조용히 기다리는 1년 반 동안 하나님께서 모아주신 재정이 있었다. 하지만 이미 사용한 금액을 제외하면 75퍼센트의 재정이 추가로 필요했다.

1년 안에 그 큰 재정을 마련하는 것은 내 힘으로는 불가능했다. 더군다나 인도네시아의 한인 상권의 경기가 매우 좋지 않아서 한인 교회도 위축되어 있었다. 도무지 우리를 도와줄 만한 사람들이 보이지 않는 상황이었다.

몽골에서 사역할 때는 1천만 원 단위의 재정 필요를 놓고 부담 가운데 기도하곤 했다. 그런데 그보다 훨씬 많은 재정의 필요 앞에서 마음이 무거웠다. 사역팀은 그저 내 얼굴만 바라보고 있었다. 내 책상에는 암울해 보이는 재정 보고서와 지출 내역서가 쌓여갔다.

어느 날엔가는 기도하면서 "새해가 된 것이 전혀 기쁘지 않습니다"라는 넋두리를 하기도 했다. 그때 하나님께서 내 마음에 한 도전을 주셨다.

'네가 가진 부담을 즐기면서 가볼 수 있겠니?'

기왕 섬김의 자리에 있는데 어려운 마음보다는 기쁨으로 그 길을 가보지 않겠느냐는 내적 도전이었다. 그렇게 하기 위해서는 하나님을 향한 전적인 신뢰가 있어야 했다. 내 앞길에 무엇이 기다리고 있든지 하나님께서 허락하신 일이라면 기쁘게 받아들이기 원한다는 고백이 필요했다.

나는 믿음으로 그렇게 해보겠다고 하나님께 대답했다. 물론 그 고백에도 불구하고 여전히 내 책상에 쌓이는 청구서와 대금 지급 일정을 보면서 내적으로는 믿음의 싸움을 싸워야 했다. 그런데 놀랍게도 큰 부담 가운데 평안함이 찾아옴을 경험했다. 내 싸움은 더 이상 돈을 만들어내는 것이 아니라 평안을 잃지 않는 것이 되었다.

나는 이 부담 때문에 가정이나 관계가 해를 입으면 안 된다고 생각했다. 그래서 아내와 가끔 점심식사를 하면서 데이트를 하려고 노력했다. 그리고 집에서는 학교에서의 부담을 모두 잊고 아이들과 숨바꼭질과 술래잡기를 하며 재미있게 놀아주었다.

사역자들과도 어울려 식사하며 웃고 떠드는 시간을 주기적으로 가졌다. 그렇게 전보다 더 즐겁게 하루하루를 보내며 하나님께서 주시는 일상의 작은 기쁨들을 놓치지 않으려고 했다. 그것이 하나님께 대한 내 믿음의 표현이라고 생각했다.

이 과정에서 외적 환경이 어떠할지라도 내면에 평화가 깃드는 것이 가능함을 알게 되었다. 주변 상황은 수시로 변하며 우리의 평안과 안전을 위협하는 것처럼 보였지만, 하나님을 신뢰하는 믿음으로 반응할 때 가정과 공동체의 관계가 평온할 수 있었다. 오히려 외적인 어려움이 클수록 관계가 더 뜨거워지고 내 내면이 더 견고해짐을 느꼈다.

하나님의 특별 관리

그러던 어느 날, 내 개인 재정마저도 바짝 마르는 때가 찾아왔다. 유럽과 아프리카에서 열리는 코스타에 참석하기 위해 비행기표를 구입해야 했다. 그래서 사역이 어려운 시기에 그 멀리까지 섬기러 가는 것이 맞는지 하나님께 묻는 시간을 가졌다. 당시 건축 대금 결제를 위해 한 주에 평균 수천만 원의 재정이 필요했다.

그래서 외부 집회를 위해 2주의 시간을 내는 것이 무리처럼 보였다. 하지만 기도 가운데 하나님께서 주신 응답은 "네 떡을 물 위에 던져라 여러 날 후에 도로 찾으리라"라는 말씀이었다(전 11:1).

결국 한국 신용카드로 항공권을 결제한 후에 청구 대금을 갚기 위해 어렵게 은행 잔고를 맞춰놓았다. 그런데 문제가 생겼다. 내가 기억 못하는 카드 자동이체 내역이 있었다. 결제일이 지난 뒤에 계좌를 확인해보니 생각했던 것보다 많은 금액이 빠져나가 있었다. 당연히 잔고가 마이너스가 되는 상황이었다.

물론 살다보면 은행 잔고가 마이너스가 될 수도 있고, 그것이 그리 큰 문제가 아닐 수도 있다. 하지만 내게 있어서 은행 잔고는 나와 하나님 간의 내밀한 신뢰의 사인(sign)이었다.

하나님께서는 내가 아브라함의 믿음의 길을 택해서 미국 유학길에 오른 후에, 유학 시절 내내 마이너스 통장을 경험하지 않는 은혜를 주셨다.

가장 어려울 때에도 항상 통장에는 100불 이상의 잔고가 있었다. 몽골에 선교사로 헌신해서 들어갔을 때도 재정의 문제를 하나님께 맡겨드린 후에 한 번도 개인 통장의 잔고가 마이너스가 되지 않았다.

어머니가 어렵게 신앙을 지키면서 자녀들을 위해 했던 기도를 하나님께서 기억하셨기 때문이 아닌가 싶다. 내가 잘 때면 머리맡에서 늘 어머니의 이런 기도 소리가 들렸다.

"가루통에 가루가, 기름통에 기름이 마르지 않게 하시며…."

선교지에서 그 응답을 연속적으로 경험하고 있었기에, 그날 나는 '내 평생에 처음으로 마이너스 통장을 경험하는구나'라고 생각하면서 컴퓨터 화면의 잔고 쪽으로 시선을 옮겼다.

그런데 놀랍게도 거기에 몇 만원의 잔고가 남아있었다. 돈이 들어올 일이 없는데 어찌된 일인가 싶어서 확인해보니, 어느 출판사에서 송금한 내역이 찍혀있었다. 곰곰이 생각해보니, 몇 달 전에 한 기독교 잡지사에서 간증 청탁 이메일을 받았던 것이 떠올랐다.

해야 할 일이 너무 많아서 거절 답장을 보내려고 했는데 깜박 잊고 있다가 마감일이 다 되어갈 즈음에 원고가 완성되었는지 문의하는 메일을 받았다. 그래서 미안한 마음에 어쩔 수 없이 밤잠을 설치며 글을 써 보냈는데 그 원고료가 카드 결제일에 지급된 것이었다.

나는 플러스로 남아있는 잔고를 보고 피식 웃으며 중얼거렸다.

"하나님, 제 개인 계좌를 이렇게 특별히 관리해주시는군요. 그렇다면 우리 재단의 건축 계정도 특별히 챙겨주시겠네요."

그 고백을 하고 나니 건축이 끝나는 연말에 대한 기대감이 생겼다. 빚 없이 건축 대금을 지급하여 사역자들과 기뻐하며 하나님께 감사하게 될 것이 실제로 믿어졌다.

그러면서 내 사역 인생 가운데 재정적인 부담은 계속 있을 것이라는 생각도 들었다. 건축이 잘 마무리되어도 다음 해에는 또 다른 부담이 찾아올 것이고, 그것과 또 씨름하게 될 것이기 때문이다. 그렇다면 그 부담을 누리고 즐기는 자세로 받아들이는 것이 믿음이라는 사실을 깨달았다.

이런 고백을 한 뒤에 나는 아프리카 사역을 하러 떠났다. 그런데 아프리카에 머물던 중에 이전에 우리 사역에 큰 재정을 후원해주셨던 미국의 한 집사님에게서 연락을 받았다.

"최근 주님을 묵상하다가 오늘 아침에 감동과 결단이 있었습니다. 그래서 아내와 이야기를 나누던 중, 의견이 일치되어 113만 불을 건축비로 보내드리려고 합니다. 그 숫자가 나오게 된 것에는 뭔가 이유가 있을 것 같아요. 무슨 의미인지는 모르지만 그 액수가 필요하신지요?"

나는 필요하다고 답을 했고, 그 헌금이 순차적으로 입금되었다. 그것을 포함해서 그 시기에 들어온 재정이 총 40여억에 이르렀다. 필요한 재정이 10억 원 정도 남자, 문득 어깨가 가벼워짐을 느꼈다. 전에는 그 금액이 무척 크게 느꼈을 텐데 그보다 더 큰 짐을 져보고 나니 가볍게 느껴졌다.

내게 믿음의 가랑이 찢기, 믿음의 스트레칭이 일어난 것이다. 하나님께서는 나를 이 사역의 리더로 세우기 위해 서생(書生) 출신의 내 좁은 마음을 늘려주셨다.

이미 다 채워진 것으로 믿습니다

인도네시아에 와서 한동안은 외부에 우리의 교육 사역에 대해 알리지 않았다. 조용히 기다리며 하나님께서 주신 것만으로 움직이겠다고 결심했다. 그것이 내 믿음의 표현이었다.

그러다 2016년 봄, 건축을 계기로 한국 교회에 이 사역을 알리고 후원을 요청하라는 마음을 받았다. 이 사역을 통해 함께 하나님의 은혜를 누릴 자들을 초청해야 한다는 생각에 부담과 기대를 가지고 후원 행사를 준비했다.

그리고 9월 29일에 온누리교회의 도움을 받아서 한국에서는 처음으로 자카르타 국제대학교 후원을 위한 행사를 열었다. 초청 인원을 2백 명 정도 예상하고, 한 테이블에 10명씩, 테이블별로 한 교회씩 초청하기로 했다.

그런데 아무리 생각해도 이 테이블을 채워달라고 요청할 교회가 떠오르지 않았다. 또 설교를 부탁드릴 목사님도 정해지지 않았다. 한국 교회에서 존경받는 목사님 중에서 우리 사역을 지지하며 후원자들을 말씀으로 섬겨주실 분을 찾는데, 선뜻 부탁드릴 만큼 친분이 있는 목사님이 별로 없었다. 어렵게 몇몇 분에게 부탁드려 보았으나 이런저런 선약과 교회 사역으로 참석이 어렵다는 답이 왔다.

나는 지난 10여 년간 여러 모양으로 한국 교회를 섬겨왔다고 생각했는데 막상 도움을 요청할 교회나 가까운 목사님이 없다고 생각하니 마음이 무거웠다.

돌이켜보니 그동안 한국 교회보다는 해외의 이민교회들, 작고 어려운 교회들을 다니면서 말씀으로 섬기는 일을 많이 해왔다. 더구나 연합집회를 중심으로 섬겼고, 개교회는 한국 일정 중에 시간이 맞는 경우에만 섬겨왔다. 그러다 보니 한국의 목사님들이나 지도층에 계신 분들과 깊은 교류나 만남을 갖지 못했다. 낙담 가운데 이런 고백을 했다.

'예수님, 제가 그간 헛되게 산 걸까요? 평신도 선교사로서 선교지에서 사역하면서도 한국 교회도 열심히 섬기느라 나름 애쓴 것 같은데, 정작 한국 교회들 가운데 마음을 나누거나 부탁할 한 분을 얻지 못했네요.'

그때 예수님이 스치듯 내 마음에 이런 말씀을 주셨다.

'너는 다른 친구들이 있지 않니? 가난한 자들이 네 친구가 아니더냐? 그리고 내가 친구가 되어주지 않니? 나를 닮은 설교자를 보내줄게.'

짧은 위로였지만, 바로 내 마음에 평안이 임했다.

'예수님을 닮은 설교자가 누굴까?'

나는 궁금해졌다. 그러다가 아내가 유튜브에서 설교를 즐겨 듣는 유기성 목사님이 생각났다. 하지만 그 분이 오시기는 어려울 것 같았다. 몇 달 전에 선한목자교회에서 설교할 기회가 있어서 잠시 뵈며 인도네시아 사역에 대한 이야기를 나누었는데, 그 교회에서는 인도네시아의 다른 사역을 후원해오고 있다고 말씀하셨기 때문이다. 그래서 초청하는 것이 좀 부담스러웠다.

하지만 하나님께서 주신 말씀을 떠올리며 혹시나 하는 마음으로 목사님께 메일을 드렸다. 목사님은 같은 날에 한 대학의 기독학생회 설교 선약이 잡혀있다고 답을 주셨다. 그러면서 혹시 그쪽에서 양보해주면 섬길 수 있다고 말씀하셨다.

나는 왠지 모를 기대감으로 답을 기다렸다. 얼마 후에 목사님은 학생들이 기쁘게 양보해주었다며, 후원의 밤에 어떤 말씀을 전할지 기도하는 중에 하나님께서 이런 마음을 주셨다고 하셨다.

'네가 그 자리에서 다른 사람들에게 후원하라고 요청하는 설교를 할 것 아니니? 그렇다면 너부터 후원해야 하지 않겠니?'

그러시면서 개인적으로 헌금을 보내겠다고 하셨다. 그 헌금은 적지 않았다. 그 메일을 받고 얼마나 감사했는지 모른다. 기쁨 가운데 하나님께 이렇게 기도했다.

'하나님, 이제 더 이상 재정 문제로 기도하지 않겠습니다. 이미 다 채워진 것으로 믿습니다. 왜냐하면 오병이어를 받았기 때문입니다.'

재미있게도 그날 행사에서 유기성 목사님이 하신 설교 제목 또한 '오병이어'였다. 후원의 밤은 참석한 사람들과 섬긴 스태프 모두를 하나님께서 위로해주신 놀라운 은혜의 시간이었다. 이런 개개인의 헌신을 하나님께서 귀히 보시고, 이 사역이 단단히 서가도록 도우실 것이라는 확신이 들었다.

결핍 가운데 누리는 은혜

우리 팀의 재정을 맡고 계신 장로님은 이전에 미국 큰 회사의 아시아 대표 CFO로 일하신 분이다. 2016년 초에 장로님이 재정 보고를 하실 때면 얼굴빛이 어두워 보였다. 들어올 수입에 기초해서 연말을 예측하면 건축 재정 외에도 운영비 등에서 상당한 적자가 예상되었기 때문이다.

그런데 후반기가 되자 장로님이 건축비 잔금 지급이 가능할 것 같고 재정 적자도 거의 없을 것으로 보인다며 밝은 표정을 지으셨다. 아마도 회사에서 일할 때는 늘 수익이 날 사업을 찾고, 수익을 어떻게 더 낼 것인가에 맞춰진 재무제표를 운영했는데, 쓸 곳만 있고 수익은 믿음의 분량으로 표기해야 하는 NGO 개척 사역을 맡으면서 이전과 전혀 다른 경험을 하신다는 생각이 들었다.

드디어 2017년 3월 7일, 우리는 첫 건물 완공을 함께 기뻐하며 하나님께 감사를 드렸다. 공사 완공까지 시공회사에 납입 기일도

어기지 않고, 빚도 지지 않았다. 놀랍게도 하나님께서 매달 넘치지도 모자라지도 않게 운영해주셨다.

하나님께서는 이 과정을 함께 경험한 열여덟 가정 공동체 모두에게 특별한 믿음의 스토리를 선물로 주셨다. 나는 들러리로서 그분이 하시는 일을 증거하는 역할을 맡았다는 생각이 들었다.

2016년 연말에 자카르타의 교인 한 분이 나를 찾아오셨다. 내가 인도네시아에서 사역을 시작할 때는 줄곧 관망하던 분이었다. 그곳에서 수십 년간 살면서 현지 상황을 누구보다 잘 알기에 더더욱 그러했을 것이다. 그 분이 내 손을 꼭 잡으면서 말씀하셨다.

"선교사님, 저는 솔직히 이 사역이 안 될 거라고 생각했어요. 그래서 아무 말 안 하고 지켜만 보았는데, 실제로 학교 건물이 지어지는 걸 보고 많이 놀랐습니다. 하나님이 정말 이 사역을 위해 일하고 계심을 볼 수 있어서 감사합니다."

그러면서 헌금을 하고 가셨다. 이는 다른 사람들의 눈에도 가능성 있는 사역으로 보이게 되었다는 증거였다.

만약 하나님의 초청에도 불구하고 내가 재정 문제에 눌려서 불안해하며 지냈다면 얼마나 손해였을까? 어차피 될 일인데 말이다. 결국 건축 재정이 모두 채워진 이후에도 나는 또 다른 문제 앞에서 또 다른 불안을 안고 살았을지 모른다.

나는 선교지에 와서 예전에는 전혀 상상할 수 없던 모습으로 살고 있다. 이전의 나는 매우 소심하고 내성적이었다. 우울질에 염세적인 성향도 있었다. 그런데 선교지로 부르심을 받고 나서 하나님께서 내 체질을 조금씩 바꾸어가셨다.

예전에는 내 안에서 발견할 수 없었던 맷집 있는 승부사 기질을 조금씩 꺼내주셨다. 하나님께 내 인생을 맡기자 일련의 훈련 과정을 통해 그분이 쓰시기 편한 그릇으로 만들어가셨다.

살다보면 하나님께서 일정 기간 동안 특정 부담을 계속 안겨주시는 경우가 있다. 그 이유는 우리를 힘들게 하기 위해서가 아니라 그것을 통해 하나님을 깊이 찾도록 부르시는 것이다. 그런 종류의 부담은 기도해도 사라지지 않고 오래 남아있는 경우가 많다.

설령 그렇다 하더라도 절망할 필요가 없다. 왜냐하면 하나님께서 딱 그 기도 하나를 응답하지 않으실 뿐 다른 부분들은 풀어주고 계심을 깨닫게 되기 때문이다. 힘든 부담 하나만을 남겨두신다는 것은 하나님의 배려가 그 부담 안에 담겨있다는 뜻이다.

그때 우리는 그 부담을 친구 삼아서 당분간 같이 지내는 법을 배워야 한다. 그것이 내 마음의 평안과 기쁨까지 앗아가지 않도록 말이다. 이것이 내가 최근 2년간 큰 부담을 지고 가면서 배운 중요한 깨달음 중 하나이다.

큰 어려움과 부담이 주어진다면, 그만큼 하나님의 그 사람을 향한 기대가 크다는 뜻일 수 있다. 그분은 우리를 새 하늘과 새 땅의 통치자로 세우기 원하신다. 천국 가는 날까지 우리 삶의 모든 부분이 다뤄지고 성장이 일어나야 한다.

우리는 어려움 가운데 씨름하면서 만난 하나님의 성품, 자신의 다듬어진 성품, 하나님과 맺은 관계와 그분에 대한 경험과 고백을 가지고 천국에 들어가게 된다. 그러기에 어떤 어려움이 삶에 주어져도 여전히 하나님을 믿는 믿음으로 충분함을 고백할 수 있다.

나는 몽골 땅에서 사역을 시작한 다음, 죽음 앞에 서보기도 하고, 나을 가능성이 희박한 병상에서 기다림의 시간도 가져보았다. 재정의 압박은 물론 상황과 관계의 어려움을 통과하기도 했다. 이 모든 과정을 거치면서 고백할 수 있는 것은, 여전히 하나님 한 분으로 충분하다는 것이다.

이 믿음은 우리의 가정에도 적용된다. 하나님으로 충분하다는 믿음은 우리의 가정이 겪는 현재의 어려움을 긍정적으로 극복할 수 있게 도와준다.

나는 그 믿음이 더 확고해지면서 자녀들을 여유롭게 기다려줄 수 있는 마음을 갖게 되었다. 하나님께서 인내와 사랑 가운데 나를 어떻게 성장시켜 가시는지를 경험했기에 자녀들도 동일하게 인도해주실 것이라 고백할 수 있게 되었다.

하나님으로 충분하다는 믿음은 우리의 가정이 겪는
현재의 어려움을 긍정적으로 극복할 수 있게 도와준다.

고통과 환란 중의 고백

살다보면 우리가 전혀 이해할 수 없는 상황을 통과하도록 하나님께서 버려두신다고 느껴지는 때가 있다. 순간, 하나님만을 신뢰하고 있다가는 나락으로 떨어질지 모른다는 두려움이 우리를 사로잡는다. 특히 자신의 인생에서 많은 결핍이 있었다고 느끼는 부모의 경우에 자녀의 미래를 마냥 하나님께 맡겨놓는 것이 무책임하게 느껴질지도 모른다.

내가 대학원 시절부터 챙겨주며 상담하고 권면하던 교회 후배가 있었다. 그 자매는 어려운 가정환경에서 자랐다. 아버지가 가족을 버리고 집을 나간 후에 어머니가 가사도우미로 일하며 세 자녀의 생계를 책임지셨다. 그러던 어느 날, 어머니가 뇌출혈로 쓰러지면서 경제적으로 더 어려워졌다.

그런 와중에도 이 자매는 믿음 안에서 꿋꿋이 살아내려고 애썼다. 과외를 비롯한 여러 아르바이트를 병행하면서 학비를 스스로 해결했다. 결혼 이후에도 어머니의 생활비까지 감당하느라 계속 달려가야 했다. 그래도 자매는 하나님을 의지하며 살았다. 깊은 기도 가운데 특별한 영적 체험도 많이 했고, 중보의 은사도 받았다.

그녀는 하나님께서 중보하라고 보여주실 때마다 기도했고, 많은 기도의 열매도 경험했다. 그런데 2017년 봄에 기가 막힌 소식을 접했다. 그녀의 여동생이 사업에 실패한 후에 삶을 비관해서 자살한 것이다. 자매는 충격 가운데 깊은 시름에 잠겼다.

가장 큰 문제는 하나님에 대한 실망이었다. 자신에게 그토록 많은 사람들의 어려움을 느끼게 하시고 중보하도록 인도하셨으면서 동생에 대해서는 한 번도 기도하라는 힌트를 주지 않으신 것에 대한 서운함이 컸다. 또한 동생에 대한 미안함이 가슴에 사무쳐서 약을 먹지 않고서는 정상적인 생활을 할 수 없을 정도로 힘들어했다.

아내는 그 자매와 통화하다가 내게 전화를 바꿔주었다. 나는 자매에게 가난하던 시절에 겪은 고통과 수치심, 아버지를 용서하지 못하는 마음 등 해결하지 못한 감정이 남아있음을 알게 되었다. 나는 그녀의 마음에 공감하면서도 단도직입적으로 물었다.

"너, 정말 하나님 한 분으로 충분하다고 고백할 수 있니?"

"아뇨…."

"기도생활을 많이 하고 은사를 사용하는 것이 믿음의 시작이 아니야. 네가 하나님으로 충분하다고 고백할 수 있을 때 믿음이 시작된다. 하나님께 많이 서운하겠지. 그 마음을 숨기지 말렴. 솔직하게 다 털어놓고 하나님께 묻는 시간을 가져봐. 그 과정의 끝은 네가 하나님으로 충분하다는 고백이 될 거야."

우리가 믿음을 사용할 때 어떤 고통도 그것이 끝이 아니고 하나님을 경험하는 새로운 시작임을 고백할 수 있다. 당시 하나님과 온전한 관계 맺음이 어떤 것인지 자매에게 비유를 들어서 설명했다.

“네가 능력있는 남성과 교제하며 결혼을 약속했다고 생각해보렴. 만약 네가 그를 사랑하기보다 그가 가진 부와 능력이 너를 구해줄 것이라고 생각해서 그것만을 바란다면 그것은 온전한 관계가 아닐 거야. 그 단계에 머물면 결국 그와 깊은 관계 속에서 누리는 참된 사귐과 기쁨과 평안을 놓치게 된단다.”

자매가 회복되어 가던 어느 날, 글을 보내왔다.

“선교사님이 제게 ‘너, 하나님만으로 만족하니?’ 하고 물었을 때 제 대답은 ‘아니요’였습니다. 저는 이 질문에 대해 줄곧 생각했습니다. 질문을 좀 바꿔서 ‘하나님만을 의지하니?’라고 하면 분명 ‘예’입니다. 또 ‘하나님을 제일 사랑하니?’라고 묻는다면 또 분명 ‘예’입니다. 하지만 ‘하나님만으로 만족하니?’라는 질문에 아무리 생각해도 ‘예’가 안 되는 저를 보면서 매우 착잡했습니다. 그런데 어제 ‘나’를 분명히 규정하고 나니 이해가 됐습니다. 저는 부자 신랑을 만나 제 가난을 해결하고 싶어 하는 신붓감이라 ‘예’라고 대답하지 못하는 것이더라고요. … 저도 하나님만으로 만족하냐는 질문에 ‘그럼요!’ 하고 대답할 날이 올까요?”

나는 그 글을 읽고 비로소 안도했다. 적어도 자매가 하나님과 관계에서 무엇이 해결되어야 할 문제인지 파악했기 때문이었다.

온전한 관계를 바라고 하나님께 구하는 것이 관계 개선의 시작이다. 물론 관계가 풍성함과 온전함으로 자라가기까지는 시간이 필요하겠지만 말이다.

2017년 여름에 한국에 갔을 때, 그 자매를 잠시 만났다.

"네가 이 아픔을 이기기까지 시간이 많이 걸릴 거야. 하나님도 그 시간이 필요함을 아시기에 기다려주실 것이고. 충분히 아픔을 삭이는 시간을 가지렴. 그러면 그 시간이 끝나갈 때, 너는 새로운 사명을 얻게 될 거야. 동일한 아픔을 가진 사람들을 위로하게 될 텐데, 그들을 위로하는 네게 권위가 더해질 거야."

그러자 그 후배가 말했다.

"한국은 OECD 회원국 중에 자살률 1위이고, 해마다 자살하는 사람들이 늘어나요. 그런데 한 사람이 자살하면 평균적으로 5,6명의 남겨진 가족들이 심각한 우울증과 정서 장애를 갖게 되지요. 그럼에도 불구하고 '자살은 죄'라는 인식 때문에 그들은 교회에서도 위로는커녕 소외와 정죄의 대상이 되는 경우가 많아요.

그렇게 남겨진 가족들은 방치되어 있지요. 그러다 교회를 떠나기도 하고, 아예 교회에 가는 것을 포기하는 경우도 많아요. 동생이 떠난 이후에 하나님께서 그들에게 다가갈 수 있는 새로운 길을 열어주셨어요."

나는 자매의 아픔이 다 정리되지 않았음에도 같은 아픔을 가진 사람들을 위해 중보하게 되었음에 감사했다. 하나님께서 때로는 이해할 수 없는 아픔을 우리에게 허락하시지만 우리가 준비되기만 하면 그 아픔마저도 예수 그리스도의 희생과 영광을 되새기는 일을 위해 아름답게 사용하신다.

2017년 7월, 아프가니스탄 피랍 사태가 일어난 지 10년이 되었다. 그 사건이 발생했을 당시에 나는 집회 일정으로 호주에 있었다. 하나님께 그들을 살려달라고 간절히 구했다. 그러나 기도 가운데 내 바람과 달리 희생자가 있을 수도 있겠다는 생각이 들었다. 하나님을 향해 '도대체 왜?'라고 물었지만 그때는 답을 얻을 수 없었다.

얼마전에 우연히 본 〈크리스채너티 투데이〉 한국판에 아프간 사태 10주기를 맞아 피랍되었던 대원들의 인터뷰 기사가 실려있었다. 납치되어 있는 동안 탈레반의 삶을 보고서 그들을 향한 긍휼의 마음이 생겼다는 대원, 살려달라는 기도와 동시에 희생당하게 된다면 온전히 기쁘게 감당하게 해달라고 기도했다는 대원, 누군가가 희생되어야 한다면 자신이 먼저 그 길을 가게 해달라는 기도를 했다는 대원…. 그 중에는 아프간 난민을 섬기기 위해서 선교사가 된 대원도 있었다.

그들은 그 깊은 아픔 가운데 사명을 발견했다. 특별히 순교의 피를 기억하기에 그들은 결코 예전의 삶으로 돌아갈 수 없었다. 그들에게 피랍 이전과 이후는 전혀 다른 삶이 될 수밖에 없었다.

샘물교회 박은조 목사님의 인터뷰도 보았다. 목사님은 그 사건 이후 얼마간은 TV에 중동이나 아프간 관련 뉴스가 나오면 채널을 돌리셨다고 한다. 한동안 중동 땅은 그 분에게 트라우마가 되어 그 땅과 관련된 어떤 것도 싫었다고 한다. 그러다가 그 아픔의 땅과 그곳의 백성들을 섬기는 것이 자신과 교회에게 주신 사명임을 깨닫고, 그 일에 헌신하게 되었다고 고백하셨다.

김상철 감독의 영화 〈순교〉에 보면 순교한 심성민 형제의 아버지가 독자인 아들의 죽음을 견디기 힘들어하는 장면이 나온다. 그는 교회가 아들을 죽게 했다며 교회를 핍박하고 어려움을 끼쳤다. 그러다가 주변의 권유를 받고 단기선교에 따라가게 되었다. 아들이 도대체 어떤 마음으로 그 땅을 밟았는지 알고 싶어서.

그렇게 아들의 발자취를 따라 떠난 여정 가운데 하나님의 마음을 느끼게 되고, 아들의 심정을 이해하게 되었다. 그리고 하나님을 믿기로 결정했다고 고백한다.

우리의 그 어떤 아픔과 상실과 좌절도 아름다움과 소명과 기쁨의 화관으로 바꾸실 수 있는 하나님을 신뢰할 수만 있다면, 그 어떤 상황에서도 하나님 한 분만으로 충분함을 고백할 수 있지 않을까!

3장

가정의 목표

책임과 성숙

하나님께서 이 땅 가운데 가정을 허락하신 목적이 무엇일까? 프랑스 마꽁에서 열린 트랜스폼 월드(Transform World) 국제회의 세션에서 이 주제를 놓고 여러 나라에서 온 많은 목회자와 사역자들과 논의한 적이 있다.

아프리카에서 온 한 목회자가 답했다.

"가정의 목적은 생육하고 번성하는 데 있습니다. 그런데 오늘날 남녀가 결혼할 때 이것을 목표로 하지 않습니다. 자신의 필요를 채우기 위한 수단으로 가정을 꾸립니다. 이것이 가정이 타락하여 제자리를 찾지 못하는 이유입니다. 서구의 교회는 이 명령을 가벼이 여기고 아이 낳는 것을 귀히 여기지 않아 쇠퇴하고 있습니다."

처음에는 의외의 말로 여겼는데 생각할수록 깊은 의미가 담겨있었다. 아이를 낳고 키우려면 수고하고 애쓰는 과정이 필요하다. 생육하고 번성하기 위해 아비와 어미는 더 많은 아픔과 애씀의 과정을 겪고, 그것을 통해 하나님을 경험한다.

나와 아내는 네 자녀를 갖게 되면서 "부요한 사람이 아이를 갖는 것이 아니라 아이를 가지면서 부요해진다"라고 고백하게 되었다. 아이를 통해 누리는 영적인 복과 감정적인 채움이 있었다. 또한 아이를 먹이고 입히기 위해 하나님께서 때를 따라 보내주시는 수많은 선물을 받았다. 만약 아이를 낳지 않았다면 경험하지 못했을 선물들이었다.

아이를 출산하면 엄마의 젖이 돈다. 아이가 젖을 다 빨고 나면 다음에 먹일 젖이 또다시 생긴다. 아이가 없었다면 엄마의 몸은 이런 과정을 경험하지 못했을 것이다. 이와 같이 아이가 태어나야만 공급되는 것이 있다.

아이로 인해 생기는 필요 때문에 부모는 더욱 하나님께 의지하는 자리로 나아간다. 또한 아이를 키우면서 하나님께서 우리의 아버지로서 우리를 향해 갖고 계신 마음을 알 수 있다.

"생육하고 번성하라"라는 명령은 창세기 1장에서 하나님께서 천지창조 이후 남자와 여자에게 주신 명령이며, 창세기 9장에서 새 세상을 여시면서 노아와 그 아들들에게 주신 명령이다. 후에 이스라엘 백성들에게 주신 명령이기도 하다.

하나님이 노아와 그 아들들에게 복을 주시며
그들에게 이르시되 생육하고 번성하여 땅에 충만하라 창 9:1

전능하신 하나님이 네게 복을 주시어
네가 생육하고 번성하게 하여
네가 여러 족속을 이루게 하시고 창 28:3

이스라엘 자손은 생육하고 불어나 번성하고 매우 강하여
온 땅에 가득하게 되었더라 출 1:7

나는 부흥의 역사를 공부하면서 영적 부흥의 시기가 인구 성장의 시기와 겹치는 것을 보았다. 인구가 성장하는 시기는 출산율이 높은 시기였다. 가정마다 자녀를 먹이고 입히기 위해 이전에 생각지 못한 수많은 필요와 씨름했을 것이다. 아마도 그 과정에서 사회 구성원들이 도움을 구하며 하나님을 간절히 찾게 되었을 것이다.

사람들의 가난한 마음에 하나님을 초청하면 성령이 일하기 쉬운 상황이 형성된다. 그리고 그 필요 가운데 기도하고 씨름하면서 사회적으로 새로운 혁신의 시간을 만나게 된다.

반면에 인구가 쇠퇴하는 지역에서는 교회와 가정도 쇠퇴한다. 한 사회에서 인구가 줄어드는 이유는 성적 쾌락은 즐기되 책임은 지기

아이로 인해 생기는 필요 때문에
부모는 더욱 하나님께 의지하는 자리로 나아간다.

싫어하는 경향이 전반적으로 만연하기 때문이다.

그래서 혼외 관계를 원하며, 피임 기구를 찾고, 더 나아가 동성애까지 허용하는 단계로 나아간다. 쾌락이 책임보다 더 중요한 가치로 받아들여지기 때문이다. 더 나아가 다른 사람의 쾌락을 방해하는 것이 죄라는 인식이 사회에 만연한다.

하나님께서는 세상을 창조하시며 쾌락에는 반드시 정당한 책임이 따르도록 하셨다. 그것을 기꺼이 감당할 때 비로소 우리가 원하는 쾌락이 제자리를 찾으며, 그것으로 우리가 타락하지 않게 된다. 또한 부부가 새 생명을 양육하는 책임을 감당함을 통해 가정 공동체를 만들고, 가정 안에서 함께 영적, 정신적, 인격적 성숙을 경험한다.

나를 비우고 죽이는 과정

가정의 또 다른 목표는 두 남녀가 온전한 연합의 관계를 형성하고 경험하는 것이다. 다른 사람과 온전히 연합하는 것은 상대의 모습 그대로를 인정하고 사랑함으로 자신의 원칙과 방식과 성향을 기꺼이 포기해야 가능하다. 가정에서 그것이 이루어져야 가정 밖의 사람들과도 기꺼이 온전한 관계를 맺을 수 있다.

결혼을 통해 우리는 영적으로 죽는 법을 배운다. 나보다 더 소중하게 여기는 누군가를 위해 희생을 각오하며 연합을 원하는 열망이 생긴다. 온전히 연합된 부부가 되는 과정은 끊임없는 섬김과 받아들임과 사랑, 헌신과 자기부인, 자신의 권리 포기를 요구한다.

자녀를 양육하는 것도 부부 관계와 마찬가지로 나를 비우고 죽이는 과정이다. 아이를 낳아 장성한 자로 서도록 키우기까지 수많은 기쁨과 아픔을 경험한다. 이 과정을 통해 자기중심적인 삶에 머무르던 한 개인이 타자 중심의 삶을 살게 된다. 세상의 중심이었던 자신이 아이를 위해 주변인의 위치에 서기를 마다하지 않는다.

인생에 죄가 들어온 것은 인간이 자기중심성을 선택하면서부터이다. 선악과를 먹는다는 것은 자신이 선과 악을 판단하는 주체가 되겠다는 욕망의 표현이다. 자기중심적이었던 삶에 하나님을 초청해서 그분을 내 삶의 중심에 모시고 내가 주변부로 옮겨가는 것을, 우리는 '구원'이라고 부른다.

예수님은 하나님과 우리의 관계를 아버지와 아들, 신랑과 신부로 설명하신다. 가족 관계는 제한된 인간 사회의 관계성 가운데 하나님과 우리의 관계를 가장 잘 설명해주는 수단이 된다. 그래서 가정에서의 관계 회복은 하나님과 관계 회복으로 자연스럽게 연결된다. 가족 관계에서 얻는 깨달음과 경험이 하나님과 관계에도 그대로 투영되는 경우가 많다.

우리가 영적인 신비에 대해 제대로 이해하기는 어렵지만 적어도 가정에서의 관계를 통해 그 신비의 많은 부분을 이해하는 열쇠를 얻는다. 그런 의미에서 결혼을 하고 자녀를 키우는 것은 하나님께서 우리에게 허락하신 영적인 큰 복이다.

가정의 사명은 내 행복, 내 만족, 내 자랑, 가문의 영예 등에 있지 않다. 하나님께서 가정을 허락하신 이유와 우리가 가정을 책임져야 하는 이유는 두 가지다. 첫째로 자녀를 낳아 양육하기 위함이고, 둘째로 부부와 부모와 자녀 간에 온전한 연합을 이루어 그 관계를 누리고 경험하기 위함이다.

배우자의 존재 자체로 충분함을 경험하기

하나님과 관계 속에서 믿음을 가지고 그분만으로 충분함을 고백하는 것은 우리의 신앙생활에 큰 안정감을 준다. 이것은 배우자와 관계에서도 동일하게 적용된다. 하나님으로 충분히 채워진 사람은 배우자에게서 자신의 필요를 다 채우려 집착하지 않는다.

물론 배우자의 사랑과 인정은 여전히 소중하고 귀하지만 그것이 없어진다 해도 목말라하지 않는다. 배우자를 존재 그대로 받아줄 수 있는 여유가 생긴다. 그럴 때 자연스럽게 배우자의 존재 자체를 즐거워하고 기뻐할 수 있다. 배우자가 내 감정적 필요를 채워주지 않아도 좌절하지 않을 수 있다.

많은 청춘들이 운명적인 이성과 만나기를 꿈꾼다. 그러나 누구를 만나 결혼하든 내 배우자가 하나님이 내게 주신 최선의 선물이라고 고백하면서 함께 살아가고 성장하는 것이 중요하다.

아무리 멋있는 사람과 뜨겁게 사랑해서 결혼하더라도 곧 그와 헤어질 충분한 이유를 얼마든지 찾을 수 있다. 내 이기적인 욕구를 다 채워줄 사람은 이 세상 어디에도 존재하지 않기 때문이다.

한때 나도 아내에게 실망하고 그녀와 결혼한 것이 바른 선택이었는지 의심했었다. 그런데 내가 느낀 실망의 원인이 내게도 있었음을 관계가 회복된 후에 깨달았다. 왜냐하면 같은 사람에 대해 부족함이나 충분함을 느끼는 것은 결국 내 시각과 받아들이는 마음의 문제이기 때문이었다. 아내에 대한 실망의 근저에는 내 이기심과 마음의 왜곡도 한몫을 차지했다.

특히 부부간의 사랑은 서로의 영적 성장과 함께 만들어지고 가꾸어진다. 그런 의미에서 나는 하나님을 믿지 않거나 다른 방향을 바라보는 사람과 만나서 사는 것을 생각조차 할 수 없다. 바라보는 지향이 다르지만 매력적인 사람과 산다면 처음에는 달콤한 몇 년을 지낼 수 있을지 모른다. 그러나 어느 정도 시간이 지나면 연합하며 함께 성장하는 기쁨을 누리기 어렵다. 그래서 감정적으로 피폐해지고 외롭고 힘들 수 있다.

아내가 얼마 전에 내게 말했다.

"우리가 함께 선교지에 나온 것이 정말 귀한 복이에요. 당신도 나도 이전보다 훨씬 좋은 사람이 되었거든요."

나도 이 말에 공감했다. 생각해보니 20-30대의 나는 포용력이 적고, 완벽주의에 가깝고, 성격이 급했다. 또 관계보다는 성취 지향적이었다. 그런 내가 선교지에 나와서 하나님을 더 깊이 만나고 여러 관계에서 훈련을 받으며 조금씩 바뀌었다.

아내가 이런 내 성장을 인정해준 것이 얼마나 감사한지 모른다. 앞으로 더 성숙되고 변화될 모습에 대한 기대가 생긴다.

나는 얼마 전에 아내를 누리는 삶에 대한 글을 썼다. 이 글은 아내와 내 관계를 내세우기 위함이 아니라 하나님을 누리는 사람이 경험하는 배우자와 관계를 설명하기 위해 예를 드는 것이다. 또한 이 땅의 부부들이 더 나은 관계를 기대하며 성장하기를 바라는 마음으로 썼다.

아내 누리기

어느 날 아침, 몇 차례의 외국 일정 때문에 집에서 식사하는 일이 뜸했기에 출근을 늦추고 느긋하게 아내와 대화하는 시간을 가졌다.

아내는 인터넷 신문에서 본 46세 된 한 주부의 이야기를 들려주었다. 그녀의 남편은 마흔이 넘은 여성은 여자가 아니라는 생각을 가진 사람으로, 중년여성이 TV에 나오면 "마귀할멈의 얼굴을 하고 왜 저런 자리에 나왔냐?"라며 빈정거린다고 했다.

나는 그 가정이 참 안됐다는 생각이 들었다. 왜냐하면 나는 요즘 40대 아내의 매력에 푹 빠져있기 때문이다. 마흔이 넘으면서 아내에게는 원숙미와 여유가 생겼다. 나는 그런 아내가 너무 좋고 편하다. 아직 50대의 아내를 겪어보지 않아서 모르겠지만 여성미의 절정은 40대가 아닌가 싶다.

외부에서 집회를 섬기다 보면 종종 "네 아이 중 누가 제일 보고 싶으세요?"라는 질문을 받는다. 아마도 아직 어린 막내를 염두에 둔 질문일 것이다. 그러면 나는 아내가 가장 보고 싶다고 답한다. 아이들은 네 명이지만 아내는 한 명이기도 하고, 떨어져 있을 때 아내가 가장 애틋하게 다가오기 때문이다.

나는 가능하면 2주일을 넘기지 않는 선에서 외부 일정을 잡는다는 원칙을 지키려고 노력한다. 한 국제 선교단체를 섬기는 선배 사역자의 조언에 따른 것인데, 가족을 배려한 원칙이자 나 자신을 배려한 것이기도 하다.

내가 아내와 늘 좋은 관계를 유지했던 것은 아니다. 우리에게도 나름 심각한 위기가 있었다. 젊은 날에는 그저 하던 대로 해도 관계가 좋을 것이라고 착각했다. 우리의 관계가 곪아서 터진 것은 몽골에 선교사로 가서 1년 반 정도 지난 시점이었다. 《내려놓음》 출간 이후 몽골 사역 외에 해외 집회 사역까지 늘어날 무렵, 우리 관계는 바닥으로 곤두박질치고 있었다.

아내는 육아와 사역으로 지쳐있었고, 나는 그 상황을 제대로 인식하지 못한 채 사역에만 몰두했다. 아내가 내게 몇 번의 사인을 보냈지만 '저러다 지나가겠지…'라고만 여겼다. 급기야 아내가 우울증을 겪기에 이르렀고, 자신을 돌아봐주지 않는 나에 대한 불만으로 점점 더 힘들어했다.

그즈음 내가 아내의 어깨에 손이라도 대려고 하면 아내는 의식적으로 피했다. 이 지경에 이르자 내 안에 있던 불만도 터져 나왔다. 둘 다 자존심이 상했고, 이혼까지 생각했다. 그때까지 한 번도 생각해보지 못한 가정의 위기가 찾아왔다.

《더 내려놓음》에서 나누었듯이 몇 개월 후에 아내는 복음학교에서 복음을 새롭게 접하고서 우울증을 극복했다. 그녀는 우울의 근원에 자기연민에 싸여서 죽으려 하지 않는 자아가 있음을 깨달았다. 그 자아를 사랑하는 것이 심각한 죄라는 것도.

심지어는 예수님을 믿고 착하게 살았던 삶도 그 자아를 아름답게 만드는 것이었고, 자아가 십자가 앞에 죽지 않은 것이 문제의 근본적인 원인임을 고백하게 되었다. 그 후에 아내는 몸과 마음이 회복되었고, 예수님을 새롭게 만나는 기쁨도 누렸다.

하지만 금이 간 부부 관계가 회복되는 데는 오랜 시간과 노력이 필요했다. 그 무렵에 '크리스천의 성(性)'에 대한 강의로 잘 알려진 박수웅 장로님을 코스타 집회에서 만났다. 박 장로님이 내게 부부 생활에 대한 실제적인 조언을 해주셨고, 부부의 성생활에도 많은 노력을 기울이고 배워야 함을 알려주셨다.

우리는 골프나 스키, 수영을 처음 배울 때 강사나 경험자, 책, 영상 등의 도움을 받는다. 초보 때 자세를 제대로 배우고 기초를 다지는 것이 중요하기 때문이다. 그런데 인생 설계에서 가장 중요한 배우자와 관계 맺기는 그렇게 배우지 않는다.

나도 배우자와 육체적, 심리적 관계 맺기의 원리를 제대로 배우려 하지 않았다. 나는 아무런 상담이 필요 없으며 결혼생활을 잘하고 있다고 착각하고 있었다. 또 부부 관계의 회복 과정에서 아내의 필요를 대하는 법도 몰랐다.

내게 허락된 최선의 선택

아내와 관계가 틀어져 있을 때는 그녀가 내게 허락된 최선의 선택이었음을 인정하기가 어려웠다. '혹시 내가 다른 사람을 만났다면?'

이라는 가정을 해본 적도 있다. 그 시기에는 여러 매체에 등장하는 여성들의 매력적인 사진에 눈길이 갔고, 그런 나를 방치하고 싶기도 했다.

그런데 아내와 관계를 회복해가던 어느 시기에, 나는 그녀가 내게 허락된 최선의 선택임을 믿기로 결단했다. 그리고 아내의 모든 것을 아름답게 보기로 결정하고, 그 결정을 하나님께 올려드렸다. 물론 이런 일은 결단만으로 쉽게 되진 않지만 결단도 큰 역할을 한다. 우리의 결단이 있을 때 성령께서 더 쉽게 일하시기 때문이다.

놀랍게도 그 이후에 아내가 그 모습 그대로 흠잡을 데 없이 예뻐 보이기 시작했다. 예를 들어, 이전에는 '아내는 발이 왜 저렇게 특이하게 생겼을까?'라고 생각했다면 그 특이한 발이 독특한 매력으로 다가왔다.

내가 바뀌니까 아내가 더 아름다워졌다. 내가 아내를 사랑하는 만큼 그녀는 매력적이고 좋은 아내가 되어갔다. 남편에게 사랑을 받으면 여유와 자신감이 생겨서, 그녀의 장점이 더 잘 드러났다.

물론 결단만으로 아내의 모든 면이 좋게 보였을 리는 없다. 그 외에 다른 요인도 많았을 것이다. 특히 아내와 나 모두 복음의 원리 안에서 서로에게 순종하려고 지속적으로 노력했다. 그것이 각자의 시각을 교정시켜서 하나님의 관점으로 상대를 볼 수 있게 도와준 것 같다.

여성은 중년이 되면 젊을 때는 충분히 가질 수 없었던 자신감과 여유와 편안함을 갖춘다. 가정을 꾸리고 자녀를 키워보았기 때문에 자기중심적인 20대와 달리 배려와 섬김의 자세도 갖게 된다. 그래서 나는 결코 아내가 젊음으로 돌아가기를 바라지 않는다. 오히려 같이 늙어가며 더 성장하고 싶다.

아내에게 푹 빠져보니 아내만으로 충분함을 고백하게 된다. 다른 누군가가 더 필요하지 않음을 깨닫는다. 이것은 우리가 온전한 믿음의 자리에 서 있으면 하나님 한 분만으로 충분함을 고백할 수 있는 것과 마찬가지이다.

나는 아내와 살면서 계속 그녀의 새로운 면을 발견한다. 때로는 아내가 원래 그런 성격이었는지 미처 깨닫지 못했던 면도 보게 된다. 물론 나이가 들고 성숙하면서 달라진 부분들도 있다. 아내는 앞으로도 계속 변화하고 성장할 것이다.

그래서 그녀와 같이 지내는 것이 전혀 지루하지 않다. 내 마음과 눈이 바뀌니 늘 새로움으로 아내를 보게 된다. 남편이 아내를 아름답게 느끼지 못하는 것은 그의 정서와 심리와 태도에서 오는 문제와 연관이 있다.

세상은 결혼에 대해 거짓말을 한다. 남녀가 3년간 사귀면 성적인 매력이 바닥나고 서로에게 싫증을 느낀다고. 결혼의 행복은 신혼 때가 절정이고 그 이후로는 내리막길을 가게 된다고. 한 사람만으로는 만족할 수 없을 것이라고. 자신에게 맞는 짝을 만나지 못해서 힘든 것이라고.

그러나 결혼 21년 차, 믿음 안에서 아내와 살아본 내 경험으로 말할 수 있다. 이 모두는 세상이 주는 거짓말이라고.

4장

부부 갈등 극복하기

너무 다른 시각과 방식

앞에서 말했듯이 우리에게도 갈등의 시간이 있었다. 이것이 무엇 때문에 비롯되었으며 어떻게 극복했는지 나와 아내의 이야기를 각각 나눠서 실었다. 혹여 비슷한 시기를 경험하고 있는 분들에게 위로와 희망이 되기를 바란다.

남편의 시각에서 본 남편의 문제

유학시절과 결혼 초기에 나는 쫓기듯이 살았다. 아내에 대한 부담도 컸다. 유학을 준비하며 어느 대학에 갈지, 언제 공부를 마치게 될지 아무것도 결정되지 않은 상태에서 나를 믿고 결혼해준 그녀를 실망시키고 싶지 않았다. 그래서 무언가를 빨리 이루어 그녀를 안정시켜야 한다고 생각했다.

물론 아내는 그것을 원하지 않았을 수 있다. 하지만 나는 그래야 남편으로서 아내 앞에서 당당할 수 있다고 생각했던 것 같다.

학업을 조금이라도 빨리 마무리해야겠다는 생각이 들자, 내 급한 성격이 드러났다. 나는 늘 빠른 걸음으로 "전진 앞으로!"를 외치며 달려갔다. 거의 일방적으로 아내를 끌고 달렸던 것 같다.

두 아이가 태어나면서 내 급한 성격이 크고 작은 갈등을 불러일으켰다. 나는 여행을 가서도 짧은 시간에 많은 것을 하기 원했다. 그래서 내가 한 아이를 안고, 아내에게 다른 한 아이를 맡기고 뛰어갔다. 혼자 앞서 달려가며 뒤늦게 천천히 오는 아내를 기다리기가 힘들었다.

부부 동반으로 약속 장소에 갈 때도 아내에게 준비를 재촉하곤 했다. 아내는 밖에 나갈 때 거의 치장이나 화장을 하지 않아서 다른 여성에 비해 준비 시간이 짧았음에도 나는 그 시간을 참지 못했다.

어쩌면 내 아버지가 어머니에게 요구하던 대로 나도 똑같이 했던 것 같다. 그런데 이런 내 급함은 사회생활의 다른 영역에서는 잘 드러나지 않아서 만약 내가 결혼을 하지 않았다면 인지하지 못했을 수도 있다.

내 내면의 불안이 급한 성격과 태도로 투영되면서 삶의 동반자인 아내를 충분히 기다려주지 못했다. 더구나 외부 사역이 많아지면서 앞만 보고 달리는 이런 태도가 우울증으로 힘든 아내를 더 힘들게 했을 것이다.

사역이 성장한다고 가정에서도 성숙해지는 건 아니다. 하나님께서 성품과 인격이 완벽한 사람을 골라서 사역의 기회를 주시는 것도 아니다. 완벽하지 않은 자에게 사역을 맡기시는 그분의 기대는 가정과 관계의 영역에서도 자극을 받으며 함께 성장하는 것이라 생각된다. 하지만 이런 자각이 없는 상태에서 영적 예민함까지 놓치면 사역에 성장이 일어나더라도 그 내면과 가족 관계는 더 깊이 침체될 수 있다.

감사하게도 나는 사역에 함께해주신 하나님을 누리면서 내면과 가정에서의 미성숙하고 약한 부분을 볼 수 있었다. 그리고 이를 통해 더 새롭게 하나님의 마음을 누리게 되었다. 마침내 가정에서 전보다는 천천히 아이들과 주변을 돌아볼 여유가 생겼다.

하나님과 함께 나아가는 여정 중에 아픔과 기다림을 경험하면서 내 시간 사용의 관념이 바뀌었다. 시간은 내가 아끼려 한다고 아껴지는 것이 아님을 깨달았다. 또한 누군가와 동행하기 위해 기다려주거나 그의 정서적, 영적 필요를 채우기 위해 시간을 사용하는 것이 낭비가 아니라 하늘에 쌓는 투자임을 배웠다.

시간을 창조하신 하나님께 내 시간을 의탁하면서 점차 시간 사용에 묶이지 않게 되었다. 그래서 지금은 자카르타의 교통 체증으로 인해 15킬로미터 구간을 가느라 서너 시간을 소비해도 편안히 오늘을 허락하신 하나님께 감사하며 그 시간을 올려드릴 수 있다.

깊이 생각해보니, 나는 아내를 내 보조자로 여기면서 내 필요를 채워달라고 요구했다. 아내는 앞에 나서는 것을 싫어하며 보조자 자리에 머무르는 것을 편하게 생각하는 성격이어서 나는 그녀의 섬김을 당연히 여기며 한때나마 내가 '좋은 남편'이라고 착각했다. 그래서 아내가 내게 서운함을 토로하면 "당신이 복에 겨워서 그래"라고 말해주고 싶었다.

그러던 중 아내가 아픔의 시간을 보내는 것을 보며 그녀를 통해 내 필요를 채우려 한 것을 깊이 반성했다. 내 결혼생활의 목적이 아내와 아이를 통해 내 정서적, 감정적, 육체적 필요를 채우려는 것이 아님을 깨달았다.

도리어 가족의 필요를 채우기 위해 하나님께서 나를 결혼의 자리로 불러주셨다는 인식의 전환이 찾아왔다. 그리고 기꺼이 힘을 다해 그들의 필요를 채우는 가운데 내가 누군가를 섬기는 데 더 적합한 사람으로 변함을 느낄 수 있었다.

그러면서 내가 원하는 방식으로 아내를 바꾸려던 노력을 조금씩 포기했다. 결혼 초기, 집안을 잘 정리하지 못하는 아내에게 아무리 잔소리를 해도 그녀는 별로 달라지지 않았다. 그런데 그 모습을 받아들이고, 아내의 부족한 부분을 옆에서 거들어주기로 마음 먹고 나니, 더 이상 그녀가 바뀌어야 할 이유가 보이지 않았다. 이것은 사춘기 아이들을 대하는 내 태도에도 적용되었다. 아이들의 불편한 모습 그대로를 받아들이고 사랑해주면 조금씩 바뀔 것이라는 기대가 생겼다. 물론 몸이 피곤하거나 바쁘거나 지쳐있을 때에는 불쑥불쑥 내 옛 습성이 살아나기도 한다. 하지만 분명한 것은 전보다 더 좋아지고 있다는 사실이다. 그러기에 지금 우리의 부족함에도 불구하고 앞으로 더 좋아질 것이라는 소망을 갖는다.

아내의 눈으로 본 갈등 극복의 과정

아래의 글은 아내가 우리의 부부 관계를 돌아보면서 정리한 내용이다. 앞의 내 글에 대해 아내의 입장에서 이해하고 해석한 것이다. 이를 통해 아내와 내가 각 상황을 바라보는 시각과 받아들이는 방식 그리고 그 과정에서 배운 내용이 다른 것을 볼 수 있다.

하나님이 주신 사람이라는 확신

나는 결혼을 생각하는 청년들에게 이렇게 조언한다.

"사랑하는 사람과 결혼을 해도 살다보면 실망할 일이 생기고, 별의별 난관을 다 만나게 돼. 그때 이혼을 선택하지 않기 위해서는 결혼 전에 '내가 이 사람을 얼마나 많이 사랑하는가'보다는 '이 사람이 하나님께서 내게 주신 사람이다'라는 확신이 있어야 하지. 그래야만 어려운 고비마다 감정에 이끌린 잘못된 선택을 하지 않고 넘어갈 힘을 얻을 수 있거든."

나는 믿지 않는 가정에서 자랐다. 같이 살던 넷째 이모를 통해 잠시 교회에 다녔지만 제대로 신앙생활을 시작한 것은 대학교에 들어가서부터이다.

아빠의 반대로 교회에 나가기 어려워서 캠퍼스에서 선교단체를 통해 하나님을 알아갔다. 새로 배운 찬양을 적은 노트를 들고 찬양하며 기도하며 캠퍼스를 걷던 때가 떠오른다. 하나님께서 얼마나 나를 귀여워하셨을까!

당시 아빠의 반대가 너무 속상하고 힘들어서 '어떤 사람과 결혼해야 하나님을 잘 믿을 수 있을까' 계속 생각했다. 그러면서 친구들이 결혼 상대를 위한 기도제목 리스트를 적는 것을 보며 나도 열 가지가 넘는 항목을 적었다. 어느 날, 내가 정말 하나님께 구하는 조건이 뭘까 생각하면서 하나하나 지웠더니 딱 두 개가 남았다.

첫째는 나보다 신앙이 좋아서 나를 리드해줄 수 있는 사람이었고, 둘째는 기도하는 시어머니였다. 두 번째 조건은 여성학 강의를 통해 고부 갈등에 대한 얘기를 듣고 어린 마음에 그런 문제가 있어도 하나님은 한 분이시니 기도하면 결국 해결해주실 것이라고 생각했기 때문이다. 지금 생각하면 서로 신앙이 있어도 고부 갈등은 그리 단순하게 해결될 문제가 아니지만, 그래도 하나님께서는 당시 정말 순수했던 내 마음의 기도를 들어주셨다.

그런데 여러 만남 가운데 예수님을 믿는 사람도 신앙의 색깔과 성향이 다 다르다는 것을 알게 되었다. 처음에는 다른 성향이 매력으로 다가오지만 교제하다 보면 불편하고, 평행선을 걷는다는 느낌이 들었다.

그런 많은 크리스천 중에서 내가 만난 남편은 나와 영혼이 닮았다는 생각이 들었다. 그가 만나는 하나님은 내가 알아가기 시작한 하나님과 비슷했다. 당시 그는 교회 청년부 모임의 성경공부 조장이며 금요 청년 기도회 리더였다. 그는 대학원생으로서 만나는 문제를 기도제목으로 냈고, 하나님께서 인도해주시는 삶을 살고자 했다.

그를 보며 나는 생각했다.

'이런 사람과 평생 같이한다면 가난이나 고난이나 어떤 역경도 하나님 안에서 풀어나갈 수 있을 것 같아.'

그때까지 나는 엄한 아빠 때문에 해외여행은커녕 국내여행도 별로 해보지 못했고, 그다지 모험적인 성격도 아니었다. 그런데 그와 함께라면 미지의 세계로 가는 모험도 할 수 있을 것 같았다.

선배 언니가 조언해준, '하나님께서 허락해주시는 the best of the bests(최고들 중의 최고)'가 그라는 마음이 들었다. 하나님의 음성을 들은 것은 아니지만 내면에 확신으로 느껴졌다.

게다가 그의 어머니는 감리교회에서 장로로 섬기며 기도하시는 분이었다. 내 두 가지 기도제목에 다 맞았다. 그러나 현실적으로는 양가의 허락을 받는 일이 쉽지 않을 것 같았다. 나는 믿지 않는 가정에서 자랐고, 남편은 미래의 진로가 정해지지 않은 유학 준비생이기 때문이었다. 하지만 우리는 생각보다 순적하게 결혼 허락을 받을 수 있었다.

이기심과 오해로 인한 문제

우리는 결혼 3개월 차에 미국으로 유학을 떠났다. 남편의 전공이 바뀌어서 논문 자격시험이 마무리될 때까지 임신을 늦추기로 해서 4년 정도 신혼기를 보냈다. 첫아이가 태어나고부터 부부관계에 변화가 생겼다. 부모가 되면서 하나님 안에서 근본적인 죄인 이기심이 제대로 다루어지기 시작했다.

당시 내게 공부 욕심이 남아있는 것을 안 남편은 여러 가지 아르바이트로 외조를 하면서 내가 박사과정을 하도록 도왔다. 그런데 아이러니하게도 그런 도움으로 공부를 시작하자 내 마음에 남편에 대한 불만이 점점 커졌다. 남편의 말에 반박할 논리와 분석력이 생기고, 조금씩 그의 권위에 도전하는 것에 익숙해졌다.

몽골에 가서는 독립군처럼 사역을 위해 앞으로 뛰어가는 남편의 뒤에 나와 두 아이가 남겨져 있는 것 같은 시간을 보냈다. 그 사이 부부간의 골은 더 깊어졌다. 그런 문제들에 대해 이야기하는 시간을 더 일찍 가졌다면 좋았을 텐데, 그때는 남들도 다 그렇게 산다고 생각했다.

사역을 위해 앞으로 뛰어가는 남편의 뒤에
나와 두 아이가 남겨져 있는 것 같은 시간을 보냈다.

그런 문제를 어떻게 말해야 되는지, 꺼냈다가 오히려 상황 정리가 안 되면 어떻게 할지 두려웠다. 그렇게 남편에 대해 오해하면서 마음속으로 한 편의 소설을 써 나가기도 했다.

'아마도 남편은 이럴 거야…. 그는 이렇게 하고 말 거야.'

부부는 각자 결혼 전 삶의 이야기 보따리를 가지고 있다고 한다. 그래서 서로에 대해 반응하는 모습이 결혼 전의 상처나 경험과 연관되어 있는 경우가 많다.

예를 들면, 서로 마음이 불편해서 얘기를 하다가 남편이 화난 표정을 지으면 나는 굉장히 위축되어서 오히려 화를 내고 그 자리를 피해버렸다. 남편은 화가 나도 대화로 풀고 싶어 했는데 피해버리는 내 태도 때문에 더 화가 나는 것 같았다.

자라온 가정 환경이 달라서 해결 방법도 달랐던 것이었다. 우리 가정은 아빠가 화가 나 있으면 무서워서 아무도 얘기를 못했다. 하지만 시댁은 서로 얘기하며 푸는 분위기였다고 한다. 그래서 둘 다 기대와 다른 반응 때문에 오해를 한 것이었다.

이기심이라는 죄는 상대를 이해하기보다 나를 알아주지 않는다고 상대에게 화를 내게 만든다. 상대의 필요가 무엇인지 알아볼 생각보다 내 필요만 주장한다. 내가 준 상처보다 내가 받은 상처가 더 크게 보인다. 이런 과정을 통해 내가 배운 교훈들이 있다.

• 깊이 마음을 나누기

몽골에서 복음학교를 수료한 후에 관계가 회복되면서 우리 부부는 이야기를 많이 나누었다. 나는 남편의 어떤 말에 감정이 상하는지, 어떤 상황에서 마음이 위축되는지를 설명했다. 그리고 남편의 이야기도 들려주기를 요청하고 잘 경청했다.

서로에 대한 이해가 깊어지면서 지혜가 생기자 내가 하지 않아야 될 말이 무엇인지 깨닫게 되었다. 그러자 남편의 진심을 제대로 모른 채 나 혼자 오해의 소설을 쓰는 일이 줄어들었다.

몽골에서 육체적, 심리적으로 많이 지쳐있을 때, 남편에 대한 내 오해는 '남편은 가정보다 사역을 더 중요하게 생각한다'였다. 그래서 남편에게 말은 못하고 혼자 더 슬퍼했다. 왜냐하면 그가 하는 사역이 자신을 위한 것이 아니라 하나님을 위한 것임을 알고 있었으니까. 나는 하나님과 비교대상이 될 수 없으니까.

그러다가 어느 날 대답을 들을 용기를 내서 물었다.

"당신은 내가 많이 아파서 요양이 필요하다는 진단을 받으면 사역을 정리하고 나와 같이 갈 건가요, 아니면 나만 보낼 건가요?"

그러자 남편은 "당연히 사역을 정리하고 당신이랑 같이 나가지!" 라고 대답했다. 실제로 그런 상황이 되면 서로가 어떤 결정을 내릴지 모르지만, 당시 그 대답은 내게 큰 위로가 되었다. 나는 지금도 힘들면 그때의 감동을 떠올리곤 한다.

● 지혜롭게 도움 청하기

어떤 영역에서 배우자의 도움을 기대하는지, 그리고 어떤 부분을 배우자가 잘 도와줄 수 있는지 이해하고 분별할 필요가 있다. 예를 들면, 남편은 내게 좋은 상담자로서 도움을 많이 준다. 그러나 도움을 기대하지 않는 것이 좋은 영역이 있다. 설거지, 청소 등의 일부 집안일이다.

물론 내가 미국에서 넷째를 임신했을 때는 남편이 전적으로 집안일을 해주었다. 하지만 지금은 그런 일을 기대하지 않는다. 차라리 아이들과 놀아달라고 부탁한다. 셋째와 넷째는 남자아이들이라 아빠와 몸으로 노는 것을 매우 좋아한다. 아빠와 아이들이 깔깔거리고 노는 소리를 들으면 나도 행복해진다.

● 서로 성장하는 부부 되기

우리의 결혼 여정을 그래프로 만들면 결혼을 정점으로 신혼 4년 동안 제법 평평하게 지속되다가 첫아이 출생 후에는 한동안 내리막을 그린다. 그러다 9년 차에 한 번 바닥을 치고는 다시 반등해서 줄곧 하나님의 은혜로 올라간다.

뜨거운 감정의 정도는 신혼 때보다 낮을지 모르지만 서로 이해하며 불쌍히 여기고 품어주는 정도는 지금이 훨씬 높다.

감사하게도 결혼과 더불어 각자의 그릇이 더 커지고 있다. 자녀의 수가 많아지고, 사역의 부담이 커질수록 처음에는 불가능할 것 같았지만 시간이 지나면서 다 감당할 수 있는 그릇으로 하나님께서 만들어가셨다. 우리가 변해간다는 것이야말로 정말 놀라운 기적이다. 품을 수 없던 사람을 품게 되고, 내 인격의 가시들이 줄어들며, 뾰족했던 모서리가 부드러워지고 있다.

사역자의 아내로서 내려놓음의 과정

● 점점 커지는 사역에 남편을 내어드림

남편의 해외 집회 사역이 잦아진 건 2007년 무렵이었다. 몽골에 있던 한 평범한 선교사가 갑자기 너무나 유명해졌다. 난 그것에 적응하지 못했다. 받아들이기 싫었고, 너무나 조심스러웠다.

남편의 신앙이 완전한 것도 아닌데 교회에 초청되어 말씀 강사로 서는 것도 부담스러웠다. 물가에 어린아이를 내놓은 것 같았다. 내가 서는 것도 아니고 그가 서는 것이지만 싫은 마음이 앞섰다. 남편이 더 이상 유명해지지 않았으면 좋겠다고, 이 정도에서 마무리해달라는 마음으로 지냈다.

2008년 봄, CMF 가정사역팀과 박수웅 장로님이 몽골국제대학 교수 부부를 대상으로 부부세미나를 섬겨주셨다. 호텔에 묵으면서 며칠 동안 진행되었는데, 남편은 세미나 마지막 날 아침 일찍 집회 일정을 위해 공항으로 가게 되었다.

그 이후로 남편을 사용하시고자 하는 하나님의 손에
편안히 그를 내어드릴 수 있었다

호텔 앞에서 박 장로님과 남편을 배웅한 후에 장로님께 내 힘든 마음 상태를 말씀드렸다. 장로님도 하나님께 쓰임 받으며 여러 나라에서 집회를 섬기시니까 나를 이해해주실 것 같았다. 그때 장로님께서 영어로 말씀하셨다.

"Let it go."

하나님께서 하시는 일이라면 붙잡고 있지 말고 흘러가게 하라고 설명해주셨다. 그것은 하나님께 맡겨드리라는 다른 표현이었다. 하나님께서 내게 해주시는 말씀처럼 그 세 단어가 내 마음에 쏙 들어왔다.

'아! 하나님께서 하시는 일이라면 내가 더 이상 붙잡고 있지 말고 흘러가게 내어드려야 되는구나. 내가 염려하는 것이 겸손이라고 착각하면서 걱정을 붙잡고 있었네.'

그 이후로 남편을 사용하시고자 하는 하나님의 손에 편안히 그를 내어드릴 수 있었다(몇 년 전, 디즈니 만화영화 〈겨울왕국〉의 유명한 주제가인 'Let it go'를 들으며 남모르는 은혜를 홀로 받아 깊은 감동을 누렸다).

● 가정이 설교 예화로 사용되는 것에 대해 내려놓기

남편이 책과 설교에 가장 자주 인용하는 예화가 가정에서의 이야기이다. 잘나가는 이야기들이 아니라 주로 깨졌다가 깨달은 내용이 사용된다. 그래야 듣는 사람들에게 위로가 되고 친근하게 다가

온다는 것을 안다.

하나님께서 남편에게 주신 달란트 중 하나가 평범한 가정생활 속에서 깨달음을 얻는 것이기에 나도 이제는 익숙하다. 그런데 이렇게 되기까지 이 부분에 대해 정리하는 과정이 있었다.

몽골국제대학에서 학생들과 교수님들이 모여 주일예배를 드릴 때였다. 남편이 설교하는 날이었는데 아침에 나와 약간의 언쟁을 했다. 결국 나는 마음이 정리되지 않은 상태로 예배를 드렸다. 그런데 남편은 예배 찬양 중에 마음 정리가 된 모양이었다. 설교에 나는 아직 정리되지 않은 사건이 소재가 되었다.

남편은 그 사건을 통해 깨달음을 얻어 언급했지만 나는 내가 소재로 거론된 것이 부끄러웠다. 게다가 내 관점과 다소 다르게 다뤄진 것이 너무 화가 났다. 나는 자리에서 벌떡 일어서고 싶은 마음을 꾹 눌러 참으며 생각했다.

'너는 왜 그렇게 화가 났니? 그게 네 버전이 아니라서? 네 깨달음은 아니니까? 그래도 남편은 다르게 깨달을 수 있잖아. 네 흉을 본 것도 아니고….'

이런 마음의 전쟁 속에서 결국은 '이것도 하나님의 영역'이라는 생각으로 정리가 되었다. 그래서 예배 마지막에 하나님께 이렇게 고백했다.

'제 내려놓음은 제 삶을 남편 설교의 소재로, 그리고 남편의 버전

으로 사용하도록 하나님께 드리는 것입니다.'

● 영적 전쟁 가운데 남편과 가정 보호하기

남편이 어느 교회의 수련회를 섬길 때였다. 아이들과 나도 따라 가서 예배당의 맨 뒤에 앉아있었다. 설교가 길어지는 듯했다. 당시 남편이 자주 거론하던 황제 펭귄 예화가 시작되었다.

'아, 저 긴 예화를 지금 시작하면 언제 끝나지?'

그러면서 그의 설교에 대한 불만이 가득 차다 못해 미운 마음까지 들었다. 처음 느끼는 감정이어서 당황스러웠다. 예배를 마치고 미안한 마음이 들어서 남편에게 나누었다.

남편이 교인들로부터 이전에 교회가 미움과 다툼으로 나누어진 아픔이 있다고 들었다고 했다. 악한 영이 집회 중에 나와 남편의 약한 고리를 건드려 불평하고 마음을 나누려 한 것이었다.

이 일로 내가 말씀 사역에 임하는 남편을 위해 중보하고 또 가족을 보호하기 위해 영적으로 깨어있어야 함을 자각했다. 나는 신앙의 연륜이 깊지 않을 뿐더러, 말씀 사역자의 아내가 되겠다는 생각을 해본 적이 없었다. 그래서 부족한 부분이 많지만 하나님께서 한 가지씩 가르쳐주실 때마다 순종하며 따라가려고 한다.

앞에 서는 사람, 영적 지도자를 사탄이 얼마나 노리고 있을까? 그 한 사람만 유혹해서 쓰러뜨리면 많은 사람을 시험에 빠뜨릴 수 있다. 그런 안타까운 예들을 주위에서 참 많이 본다. 또 많은 악성 루머들이 영적 지도자를 괴롭힌다.

남편이 하나님의 사역자로서 이 좁은 길을 끝까지 겸손하게 순종하며 완주하기 위해 아내만이 도울 수 있는 영역이 있다. 그의 필요를 채워주고, 그가 보호될 수 있도록 돕고자 마음을 다잡는다.

• 남편의 권위에 순종하기

인도네시아에 와서는 남편이 공동체의 리더로서 내리는 결정으로 사역의 방향이 결정된다. 앞으로의 계획에 대해 남편이 기도하면서 제안하고, 다른 사역자들과 의논하면서 결정하지만 그래도 최종 결정은 그의 몫이다.

그래서 나는 '남편이 정말 하나님 뜻에 맞게 제대로 결정한 것일까?' 하는 고민에 빠진 적이 있다. 사역을 바라봄에 있어서도 그와 내 생각이 다를 때가 간혹 있다. 그러다가 우연히 '순종'에 대한 책을 읽게 되었다. 그리고 하나님의 선하심과 그 깊은 지혜를 신뢰한다면 세우신 리더에게 순종하는 것이 옳다는 것을 알게 되었다.

리더의 권위를 존중하고 그 결정을 따를 수 없다면 조용히 공동체를 떠나는 것이 더 지혜로운 이유는, 리더의 결정을 따르지 않으면 공동체를 분열시키는 죄를 범하게 되기 때문이다.

비록 남편의 결정이 옳은지 고민이 된다 하더라도 하나님께서 머리로 세우신 그가 공동체의 리더로서 결정한 것을 신뢰하고 순종하는 것이 중요함을 배우고 있다. 나는 따르는 자로서 겸손과 순종과 기도로 리더인 남편에게 선한 영향력을 미칠 수 있다고 믿는다.

PART 2

자녀, 내어드림

5장

자녀 교육의 목표

자녀에게 가장 물려주고 싶은 것

자녀를 키우는 크리스천 부모라면 다음의 근본적인 질문을 스스로에게 던져보아야 한다.

"내가 자녀를 키우는 목표는 무엇인가?"

"나는 무엇에 이끌려 아이를 양육하고 있는가?"

창세기에 하나님께서 인류 구원의 역사를 이루시기 위해 아브라함을 택하신 이야기가 나온다. 특히 18장 19절에 그를 통해 이루기 원하시는 것을 말씀하신다.

> 내가 그로 그 자식과 권속에게 명하여
> 여호와의 도를 지켜 의와 공도를 행하게 하려고
> 그를 택하였나니 이는 나 여호와가 아브라함에게 대하여
> 말한 일을 이루려 함이니라 창 18:19

아브라함의 자식과 식구들이 여호와 하나님의 도를 지키고 그것들을 행하게 하려고 부르셨다고 말씀하신다. 하나님께서 우리를 부르신 이유도 마찬가지다. 그렇기에 우리가 자녀를 교육하는 목표가 하나님께서 갖고 계신 이 목적에 부합하는가를 놓고 수시로 묵상해야 한다.

혹 그렇지 않다면 우리는 하나님께서 우리를 부르신 목적과 다른 삶을 살고 있는 것이다. '자녀 양육에 대한 내 방침 따로, 하나님을 믿는 신앙 따로'라면 하나님을 믿는 삶의 모본이라 할 수 없다. 그런 사람은 하나님의 부르심을 받지 못한 자와 다를 바 없다.

요즘 한국 교회의 쇠퇴에 대한 소식을 자주 접한다. 어쩌면 이것은 예견된 길일지 모른다. 부모가 자녀에게 말씀을 가르칠 권리를 포기하고, 교회가 크리스천 가정의 자녀들을 직접 교육할 권한을 포기한 것과 관련이 깊다.

하나님께서는 우리 자녀들을 교육할 두 기관을 세워주셨다. 바로 가정과 교회이다. 그런데 이 두 기관이 권리와 책임을 방기했다. 가정은 자녀의 신앙교육을 교회의 주일학교에 일임해버렸고, 교회는 아이들을 직접 가르칠 권리를 포기하고 공교육과 사교육의 영역에 넘겨버렸다. 주중 내내 세속 가치관의 영향권 속에 있는 아이들을 주일에 한 번, 한 시간 남짓 만나서 말씀을 가르치는 것으로는 턱없이 부족한데도 말이다.

많은 크리스천 가정이 자녀 교육의 목표를 하나님의 사람을 만드는 데 두지 않는다. 세상 경쟁에서 이기고, 물질적으로 보상을 잘 받는 자녀가 되길 바란다. 그래서 고등학생 자녀를 학원에 보내기 위해 주일학교나 수련회에 보내지 않는 경우가 많다.

이렇게 양육 받은 자녀는 자신에게 필요한 무언가를 얻기 위해서는 신앙과 타협하며 살아도 된다는 무언의 메시지를 부모를 통해서 확인한다. 부모가 세상에서의 성공이 하나님을 예배하고 섬기는 것보다 우위에 있다고 아이들에게 가르치는 셈이다.

이런 메시지에 익숙하고, 그런 방법으로 경쟁에서 이기는 것을 우선순위로 삼으며 자란 자녀는 세상의 유혹과 압력을 이길 수 없다. 그래서 대학에 들어가면 쉽게 신앙을 부인하고 쉬운 길, 달콤한 길을 찾아간다. 나는 그렇게 자녀를 세상 속에 잃고 만 부모들의 눈물 어린 이야기를 많이 접했다.

우리 세대에는 대학과 군생활의 압박을 통해 신앙을 얻기도 했다. 그러나 우리 자녀가 살아가는 세대는 다르다. 대학과 군대, 직장에서의 압력을 이기고 하나님을 찾기가 점점 어려운 시대를 살고 있다.

"자녀에게 무엇을 유산으로 물려주기 원하는가?"라는 질문에 대한 답은 우리의 가치관과 우선순위를 보여준다. 부모가 열심히 일하는 이유가 자녀에게 재산을 물려주기 위해서라면 그 부모의 최우선 가치는 돈이 된다. 자녀에게 물려주기 원하는 첫 번째가 좋은 교육이라면 그의 최우선 가치는 학벌이 된다. 편안한 삶을 물려주고 싶다면 그것이 그의 첫 번째 가치가 된다.

내가 자녀들에게 가장 물려주고 싶은 것은 '내가 경험한 하나님'이다. 아이들이 그 하나님을 만나서 어떤 고통과 어려움 속에서도 그분을 신뢰하고 그분의 선하심을 누릴 수 있다면 나는 더 바랄 것이 없다.

신앙이 좋은 부모일지라도 경쟁 사회 속에 내던져진 자녀를 인도해감에 있어 믿음으로 반응하는 것이 두려워서 세상의 방식을 따라가는 경우를 나는 많이 보았다. 그 이유가 무엇일까? 먼저 부모 세대가 느끼는 근본적인 결핍과 그것이 채워지지 않을까 봐 두려워하는 내면의 갈등 너머에 무엇이 있는지 들여다볼 필요가 있다.

왜곡된 신앙적 수퍼 자아의 문제

물론 우리가 자녀를 양육함에 있어서 관심을 가지고 열심을 내는 것이 꼭 필요하다. 하지만 그 열심이 어디에서 비롯되는지 돌아보는 것이 더 중요하다. 열심 자체는 좋은 것이지만 그것이 선한 동기에서 비롯되지 못한 경우도 있다. 때로는 우리의 열심이 불안감이나 열등감에서 나오기도 한다. 이런 열심은 좋은 결과를 내지 못한다.

신앙생활에서도 열심을 내는 것이 중요하지만 때로는 잘못된 동기에서 비롯될 수 있다. 즉 그것이 자신의 자아를 더 자극하여 수퍼 자아를 키우기 위한 노력이 되기도 한다.

이런 경우에 "믿음 안에서 무엇이든지 할 수 있다"라는 말씀을 잘못 해석하여 적용할 수 있다. 노력해서 자신의 부족함을 극복하고 무언가를 이룸으로써 훌륭한 신앙인임을 증명할 수 있다는 거짓 신념에 이끌릴 수도 있기 때문이다. 이 경우에 신앙의 열심이 자신을 더 돋보이게 하기 위한 수단이 된다.

부모가 이런 삶을 실현하고자 수퍼 자아에 집착하면 그 열심이 자녀의 성취에 투영된다. 자녀를 위한 열심과 기도로 자신이 이루지 못한 수퍼 자아를 자녀에게 전이(轉移)시킨다. 이는 자녀의 성취를 통한 대리만족인 셈이다.

수퍼 자아에 대한 집착의 문제는 내 노력으로 내가 원하는 모습을 이룰 수 없다는 데 있다. 그런 사람처럼 보이도록 위장할 뿐이다. 자신의 세대에서 이루지 못한 것에 대한 상처를 자녀에게 투영하여 자녀가 같은 실패를 반복하지 않기를 바란다. 이처럼 부모의 상처와 자녀를 향한 기대가 서로 엮이면 자녀의 학업에서의 성취가 곧 자신의 자존감과 안정감에 연결된다.

미국 유학 초기에 나는 영어를 잘 못하는 것에 좌절을 느꼈고, 그로 인해 열등감을 겪은 적이 있다. 나는 중학교 때 처음 영어를 접했고, 한 번도 과외 지도를 받지 못했다. 그래서 영어로 말하기 연습이 충분히 되지 않은 채로 박사과정을 시작하며 많이 위축되었다.

몇 년이 흐른 뒤, 여름방학을 맞아 한국에 가는 도중에 일본 나리타 공항에서 환승을 하려고 기다릴 때였다. 동양인들로 둘러싸인 그곳에서 당시 프리스쿨을 다니던 네 살배기 동연이와 내가 영어로 대화를 했다. 평소 집에서는 아이와 한국어를 쓰던 내가 영어로 말하는 것을 이상하게 여긴 아내가 물었다.

"여보, 왜 굳이 영어로 얘기를 해요?"

나는 그 말에 기분이 상했다. 그래서 말을 하지 않고 잠시 다른 곳으로 옮겨갔다. 그리고 얼마 후에 그때 왜 그렇게 기분이 상했는지 생각해보았다.

누군가의 어떤 말이 마음에 걸리는 이유는 내 안의 어떤 문제와 맞물려 있기 때문인 경우가 많다. 그 말에 상처를 받게 만드는 어떤 기제가 내 안에 있는 것이다. 곰곰이 생각해보니 내 안에 '영어를 잘하는 사람'으로 비춰지고 싶은 마음이 있었다. 영어를 못한다는 열등감을 그렇게라도 만회하고 싶었던 것이다. 그 속마음이 아내의 말에 건드려져서 기분이 상했음을 알게 되었다.

누군가의 어떤 말이 마음에 걸리는 이유는
내 안의 어떤 문제와 맞물려 있기 때문인 경우가 많다.

경쟁에서 낙오될 것에 대한 두려움

한국의 학교 교육은 경쟁을 동력으로 삼아왔다. 경쟁에서 이기지 못하면 도태될 것이라는 부모의 불안이 아이의 미래에 대한 불안과 교육에 대한 투자의 집착으로 이어졌다. 혹시라도 자신의 무능과 실수로 자녀가 경쟁의 앞자리에 서지 못하게 될까 염려한다.

학원 수강생을 많이 모집하려면 현재 경쟁이 얼마나 치열한지, 부모가 세태와 상황을 얼마나 모르는지를 설명하면 된다. 바로 행동하지 않으면 자녀가 경쟁에 뒤처질지 모른다는 불안감을 심어주면 부모는 지갑을 연다. 대부분의 사교육 시장은 부모의 불안을 먹고 커간다.

이런 사회적 흐름에 크리스천 가정도 속수무책으로 끌려가고 있다. 문제는 이런 경쟁 구도가 모두를 불행하게 만든다는 데 있다. 내가 서울대에 다닐 때, 입학한 학과에 흥미를 못 느끼고 우울해하는 학생을 많이 만났다. 교수들 중에도 열등감에 눌려 사는 사람들이 많았다.

이는 자신보다 잘나가는 사람들이 주변에 늘 존재하기 때문이다. 본인의 약점이 드러날지 모른다는 두려움이 완벽주의 기질을 갖게 한다. 그래서 자신의 학문적 주장에 누군가가 반론을 제기하면 견디기 힘들어한다.

하버드대에서 만난 여러 나라의 학생들도 열등감에 눌려있었다. 때로는 그것 때문에 자신을 몰아가는 것같이 보이는 경우도 있다. 열등감과 우월감은 종이 한 장 차이다. 이들이 학교에 들어오기 전에는 우월감과 자신감을 누렸을지 모른다. 그러나 인재들이 모여 있는 새로운 경쟁 구도에서는 쉽게 열등감에 빠져들었다. 특정 영역에서 자기보다 잘하는 누군가가 항상 있기 때문이다.

열등감에 빠진 사람은 위축되고, 생각이 편협하며, 경직된 태도를 보인다. 한때 나도 비슷한 경험을 했기에 잘 안다. 당시 나는 그것이 예수님을 믿는 신앙인으로서 문제가 많은 모습임을 알지 못했고, 누구도 내게 문제 제기를 하지 않았기에 그렇게 살면 되는 줄 알았다.

그러나 하나님나라의 관점에서 보면 경쟁은 무의미하다. 누구를 이겨서 얻는 기쁨은 진정한 행복이 아니다. 세상은 넓고 그 가운데 똑같은 사람은 한 명도 없다. 서로의 다름을 인정하고, 그 가운데 자신에게 매력적으로 다가오는 장점들을 보고 배우면 된다. 경쟁 상대가 있다면 그것은 과거의 자기 자신이다.

어떤 사람은 경쟁을 통해 한국 사회가 발전을 이루었다고 할지도 모른다. 그러나 내 생각은 다르다. 오히려 그 경쟁 체제 때문에 지금의 높은 자살률과 저출산 등의 사회 병폐 현상이 발생했다고 생각한다.

획일화된 틀에서 한 가지를 놓고 경쟁하기보다 각자가 가장 잘할 수 있는 것을 찾아서 기쁘게 집중할 때, 우리 사회는 더 행복하고 풍요로워질 수 있다고 나는 믿는다.

믿음은 실재하는 능력이다. 믿음으로 하나님이 주시는 사랑과 공급을 경험하면 내면에 안정감을 느낀다. 그러면 내 약함과 부족함에도 불구하고 불안하거나 두렵지 않다. 내 성취 여부에 전전긍긍하며 끌려 다니지 않을 수 있다.

하지만 많은 사람들 심지어 교회 안에 있는 신앙인들조차 이 부분이 해결되지 않아서 성취에 목을 맨 채 끌려 다니는 삶을 산다. 그리고 동일한 목표를 자녀에게도 요구한다.

"엄마는 좋은 대학에 못 갔으니까 너라도 그것을 이뤄야 한다. 내게는 상황이 허락되지 않았지만, 너에게는 내가 집을 팔아서라도 지원해줄게. 나는 기회를 놓쳐서 이렇게 살지만, 너만큼은 그 아픔을 반복해서는 안 돼."

이런 이야기를 크리스천 가정에서도 쉽게 들을 수 있는 것은 우리가 하나님나라의 충만으로 채워지지 않았기 때문이다. 자신의 해결되지 않은 문제를 자녀에게 전가하지 말아야 하는 이유는, 자녀가 그 문제를 궁극적으로 해결해줄 수 없기 때문이다. 설령 자녀가 부모의 목표를 이루었다고 해도 그 성취로 인한 부모의 행복이 지속되지는 못한다.

부모의 기대가 자녀에게 부담이 되어서 자녀가 부모와 거리를 두려고 할 수도 있다. 또 자녀가 어릴 때부터 자신은 부모의 기대에 맞출 수 없다고 느끼면, 성장기에 지울 수 없는 상처가 생길 수도 있다. 오히려 아이가 하나님께서 인도하시고 이끄시는 길을 찾아갈 때 비로소 안정감을 누릴 수 있다. 그러려면 부모와 자녀가 함께 믿음 위에 기초를 세워가는 법을 배워야 한다.

궁극적으로 우리의 자녀 교육 문제의 핵심은 '하나님으로 충분함을 믿음으로 고백하는가'에 달려있다. 이 믿음만이 우리의 연약함으로 인해 벌어지는 실수에 대한 두려움을 이기게 해준다.

6장

육아와
하나님의 자유

육아 열등감 극복하기

이 장에서는 가정에서의 자녀 양육에 대한 이야기를 우리 부부의 경험을 바탕으로 나누려고 한다. 이는 자녀 양육의 원칙을 설명하려는 것이 아니다. 복음의 자유가 어떻게 부모와 자녀 모두를 가정에서 자유하게 할 수 있는지를 나누고자 한다. 특히 나와 아내가 네 자녀를 양육하며 겪은 시행착오와 깨달음을 중심으로 풀어보겠다.

원래 우리 부부의 자녀 계획은 두 명이었다. 그런데 하나님께서 마흔이 넘은 아내에게 두 자녀를 더 허락해주셨다. 하지만 하나님의 마음을 알면 알수록, 부담스럽고 어렵기만 했던 자녀 양육이 수월하고 즐거워졌다. 내가 하나님의 마음을 누리게 됨에 따라 자녀도 그분의 마음으로 대할 수 있었다.

또 하나님과 관계를 맺는 가운데 배운 대로 자녀를 대하면 자녀에게 선한 영향이 흘러감을 경험했다. 부모 된 우리의 마음이 먼저 변화되자 양육 받는 자녀도 변하기 시작했다.

모든 부모들이 공감하겠지만 우리집 네 아이들 역시 서로 많이 다르다. 고집의 세기도, 좋아하는 장난감도 다르다. 밥과 생선류를 좋아하는 아이가 있고, 빵과 고기를 좋아하는 아이가 있다. 땀을 많이 흘리는 아이와 항상 가디건을 몸에 감고 다니는 아이가 있다. 큰 말썽 부리지 않고 얌전히 자라는 아이가 있는가 하면, 호기심이 많아 코에 콩을 집어넣어서 병원에 끌려간 아이도 있다. 가정예배 드리기를 좋아하는 아이가 있고, 귀찮아하는 아이가 있다.

순둥이가 거친 아이로 변모하기도 하고, 드센 아이가 의젓하게 바뀌기도 한다. 아이들이 돌아가면서 변모하고, 문제를 일으키기도 한다. 또한 두각을 나타내는 분야도 다르다. 하나님께서 의도적으로 다 다르게 만드신 것이다.

우리는 자녀 양육에 대한 수많은 정보와 책을 쉽게 접할 수 있다. 어떤 부모의 성공적인 사례를 읽고 그것을 시도해보지만 우리 아이에게는 통하지 않는다. 그러면 아이나 자신에게 문제가 있는 것이 아닌가 싶어 좌절한다. 어떤 경우는 이미 타이밍을 놓친 것 같아 불안해한다. 그 두려움과 낙담으로 부모가 아이를 다그치거나 육아에 대한 열등감을 갖기도 한다.

아내도 한때 육아 열등감 때문에 힘든 시간을 보냈다. 한번은 자녀 양육에 대한 어떤 부모의 성공적인 사례를 읽고 시도해보았다가 우리 아이에게는 통하지 않음을 깨달았다. 그러자 아이나 자신에게 문제가 있는 것이 아닌가 싶어 낙담했다. 이미 교정의 타이밍을 놓친 것 같은 불안에 떨기도 했다.

그러나 아내가 하나님의 눈으로 자녀를 바라보고 받아들이면서 육아 열등감에서 벗어나게 되었다. 자녀 양육의 정도(正道)는 정해진 것이 아니라 각 가정과 부부에게 맞는 방법을 찾아가야 함을 깨달은 것이다.

아이마다 달라서 첫아이에게는 통했던 방법이 둘째에게는 통하지 않을 수 있고, 아이의 성장 시기에 따라 양육 방법도 달라진다. 하나님을 경험하면서 우리 부부의 양육 관점과 태도가 바뀌자 자녀와 관계가 회복되었고, 양육 과정도 즐기게 되었다.

엄마의 자존감과 육아

대부분의 첫아이를 갖는 시점은 부모가 사회생활을 처음 시작하는 시기와 맞물리는 경우가 많다. 그래서 빠듯한 월급으로 아이를 키워내는 과정에서 "부모의 능력이 아이의 현재와 미래의 편안함과 직결된다"라는 인식을 갖기 쉽다.

한편 첫아이를 키울 때는 내 아이를 내가 바라는 대로 키워낼 수 있을 것 같은 근거 없는 자신감이 넘치기도 한다. 그러나 아이의 끊임없는 필요와 요구에 종일 대응하다 보면 육체적, 감정적으로 지치기 마련이다. 어린 아이와 주일예배를 드리면 예배를 어떻게 드렸는지 정신이 없고, 하나님이 너무 멀리 느껴지기도 한다. 또한 자녀 양육이 축복이기보다는 부담으로 느껴지고 두려워진다.

'내가 이 아이를 감당할 수 있을까? 실패하면 어떡하지?'

때로는 엄마의 자리를 벗어나서 도망가고 싶은 충동을 느끼기도 한다. 엄마의 내면이 건강하지 않으면 '아이를 얼마나 잘 키워내는가'가 자존감과 연결된다. 소위 '성공적인' 육아는 엄마의 자랑이 되고, '성공적이지 않은' 육아는 엄마의 자존감을 낮추어 열등감을 증폭시킨다.

내 아내는 유명한 저자의 아내로, 선교지의 공동체 안에서 육아를 하다 보니 한때 바른 아이들로 키워내야 한다는 부담이 컸다. 그래서 아이들이 때로 이상행동을 하거나 고집을 피우며 불순종하는 모습을 보이면 무척 힘들어했다. 아이들의 상태가 자신의 안정감과 연결되기 때문이었다.

이런 상황에서 내가 아이에 대해 우려의 말을 한마디라도 하면 아내로부터 싫은 소리를 한참 들어야 했다. 아무리 좋은 것이라도 집착하면 그것에 구속을 당한다. 자녀 양육도 마찬가지다.

그러던 아내가 이 모든 과정에 함께하시는 하나님을 고백하면서,

바른 아이로 키우려는 집착을 내려놓았다. 한 명 한 명을 있는 모습대로 사랑하며 하나님께 그 결과를 맡기고 자유하기 시작했다. 예전처럼 아이가 심하게 고집을 피울 때 감정적으로 대하지 않고, 아이가 불만을 표현하고 스스로 정리할 수 있도록 기다려주었다.

부모가 하나님 안에서 안정되고 내면이 건강해지면 자녀를 편하게 놓아주고 있는 모습 그대로 수용할 수 있다. 나를 지금까지 이끌어주신 하나님께서 내 자녀를 위해 예비하신 것을 기대하고 신뢰할 때, 불안이 떠나고 평안이 자녀에게 흘러간다.

아내는 자기가 하나님을 제대로 믿은 것은 대학 이후지만 정말로 복음을 경험한 것은 30대 중반이며, 그분의 마음을 느끼게 된 것은 40대 후반이라고 고백한다. 그럼에도 자녀들이 빨리 온전해지고 영적으로 성숙해지기를 기대하는 것이 얼마나 어리석은 일인가!

부모가 먼저 변화되어 자녀 옆에서 기도하다 보면 하나님의 때에 자녀도 그분을 깊이 만나고 그분이 예비하신 아름다운 것들을 찾아간다. 또 자녀의 인생 길에 고난과 역경이 찾아와도 그들에게 주어진 최고의 가능성을 실현해갈 수 있다는 믿음을 가질 때, 우리는 평안과 자유함을 누리며 자녀를 키울 수 있다.

복음이 주는 육아의 자유

교회 안에서 자란 많은 자녀들이 하나님에 대해 오해하는 부분이 있다. 하나님은 자신의 자유를 구속하는 존재라는 것이다. 그래서 이들은 교회 안에 남아있지만 여전히 의(義)에 대한 두려움이나 하나님께 적대적인 감정을 갖는다. 이는 율법적인 신앙의 틀은 전수받았지만 복음의 자유를 누리지 못한 결과이다.

나는 청년 집회 때 청년들에게 묻곤 한다.

"결혼이 구속인가요, 자유인가요?"

어찌 보면 결혼은 한 사람에게 묶이는 과정이다. 그런데 이를 통해 우리는 세상의 수많은 여성 또는 남성의 유혹으로부터 자유하게 된다. 내가 아내와 관계에 집중하면 할수록 내 마음과 영혼은 다른 유혹으로부터 자유를 경험한다.

나는 외부 일정이 5일 정도 지나면 아내와 아이들이 보고 싶어진다. 한국 일정으로 인해 저녁에 공항을 향해 집을 나설 때면 발걸음이 참 무겁다. 나는 감정적, 정서적으로 가족에게 묶이기를 스스로 선택한다. 그리고 그 묶임 안에서 자유를 누린다.

율법의 영은 구속과 통제의 영이다. 상대방을 구속하고 통제해서 자신의 지배하에 넣을 때 비로소 안심하게 만드는 영이다. 독재자에게서 흔히 보이는 모습이다. 또한 한국 재벌 가문에 면면히 흘러

오는 영적인 힘이기도 하다.

일반화해서 말할 수는 없겠지만, 아버지에게 받은 구속과 두려움이 자녀를 대하는 태도에 반영되어 나옴을 흔히 볼 수 있다. 이런 영적인 영향은 세대를 이어 흘러가면서 가문 전체의 구성원의 삶에 미친다. 소위 신앙의 명망가에서도 같은 모습을 본다. 잘사는 듯 보이지만 남의 눈을 의식하며, 내면에는 여러 관계의 어려움에 묶여있는 경우가 있다.

복음은 우리를 자유하게 한다. 내려놓음의 삶은 우리를 구속하는 것이 아니라 진정한 자유를 경험하게 한다. 나는 하나님께 내 의지와 미래를 의탁할 때 진정한 자유를 경험했다. 젊은 시절의 나는 까칠한 완벽주의자였다. 자신에게도 엄격했지만 그 기준을 남에게도 적용하고 동일한 완벽함을 요구했다.

결혼 초에 아내에게도 많은 것을 요구했고, 그것에 맞추지 못하면 불편을 느끼곤 했다. 그 예로, 나는 방이 깔끔하게 정돈되어야 마음의 안정을 찾는 쪽이다. 하지만 아내는 여러 가지를 흘리고 다니면서 뒤를 돌아보지 않는다. 방안을 보면 아내의 동선이 어떠한지를 대강 파악할 수 있을 정도였다.

처음에는 아내의 그런 모습이 불편해서 잔소리로 바꾸어보려고 했다. 하지만 곧 잔소리로는 어느 누구도 바뀌지 않음을 깨달았다. 내가 하나님의 은혜를 깊이 경험하면서 내 모습 그대로를 받아주신 하나님이 실제적으로 믿어지자 내 불편한 감정도 자연스럽게 정리되었다. 그 무렵부터 아내를 있는 모습 그대로 받아주는 연습이 시작되었다.

마찬가지로 하나님을 경험할수록 육아에 있어서도 편안하고 자유로워질 수 있다. 내 아이의 성향과 독특함을 그대로 받아들이기 때문이다. 물론 어느 날 갑자기 되지는 않는다. 늘 다시 마음을 다잡고 도전하는 시간이 필요하다.

내가 나를 용납하고 받아들이며 내 과거의 실패와 무능과 약점을 인정하고 끌어안을 수 있는 만큼 아이들의 약하고 부족해 보이는 모습도 품게 된다. 물론 이런 받아들임은 방종과 무절제와는 영적으로 근본이 다르다.

받아들여짐을 경험한 자녀들은 무질서와 나태와 방종의 삶에 발을 담그지 않는다. 구속의 틀 속에서 신음하는 자녀일수록 방종과 일시적 쾌락에 강한 유혹을 느끼고, 거기서 해방구를 찾는 경우가 많다.

때로는 신앙적 열심이 특심한 부모의 경우에 신앙적 완벽주의를 가지고 자녀를 대하는 잘못을 저지를 수 있다. 우리 부부도 한때 그랬다. 첫째와 둘째는 순해서 부모가 훈육할 때 비교적 잘 따라주었다. 그런데 셋째는 반발하는 쪽을 택했다.

시간이 지나면서 무엇이 문제인가를 짚어보는 중에 아이를 바꾸기 위해서는 우리가 바뀌어야 함을 깨달았다. 또한 첫째와 둘째가 사춘기를 경험하면서 예전 방식이 더 이상 통하지 않았다. 이런 과정을 통해 하나님께서 우리 부부의 태도가 변하기를 원하신다는 것을 조금씩 깨닫게 되었다.

부모와 함께 산다고 자동으로 그 신앙이 아이들에게 전달되지 않는다. 야단을 친다고 아이가 우리가 원하는 모습으로 변하는 것도 아니다. 우리 부부는 아이들이 선교사의 자녀로서 어느 정도의 성숙한 신앙을 가져야 한다고 생각했고, 그 기준에 아이를 맞추려고 자신과 아이를 압박해왔음을 인정해야 했다.

두려움과 불안을 하나님께 맡기라

아이를 훈육하고 하나님의 교양으로 양육하는 것은 부모의 중요한 책임이다. 그리고 자녀를 키움에 있어서 규율도 필요하고 규제와 적극적인 간섭이 요구되기도 한다.

육아에 있어서 때로는 규율이 필요하고, 때로는 자녀가 자율성을 가지고 반응하도록 기다려주어야 하는 경우도 있다. 이는 부모와 자녀의 성향에 따라 다르며, 어느 원칙을 어느 때까지 사용해야 할지에 대해서 명확한 정답은 없는 것 같다. 그래서 하나님과 상의

하면서 가야 한다. 그런데 이 훈육은 반드시 하나님의 방식, 즉 복음의 원칙에 입각해야 한다. 자녀를 일시적으로 징계하는 것도 필요하지만 아이들이 부모를 통해 하나님의 사랑을 경험하는 것이 가장 중요하다.

그 사랑에 이끌려서 자발적으로 부모에게 순종하고 하나님께서 기뻐하시는 것을 선택하려는 열망이 일어나도록 도와야 한다. 이때 중요한 것은 비록 모험처럼 여겨질지라도 아이에게 자발적인 선택의 기회를 허락하는 것이다.

누가복음 15장 11-32절에 나오는 돌아온 탕자의 비유를 생각해 보자. 자기 몫의 유산을 미리 달라고 요구하는 둘째 아들의 요구에 아버지는 무능한 듯한 반응을 보인다. 미성숙한 아들이 재산을 말아먹을 것을 뻔히 알면서도 준다.

아버지는 모험을 하고 있는 것이다. 그 이유는 무엇일까? 온전한 관계를 맺기 위해서는 자발성이 보장되어야 함을 알기 때문이다. 억지로 하는 순종은 아버지와 영적 관계와 정서적 교감을 맺는 데 도움이 되지 않는다.

친밀한 관계는 억지 순종으로 만들어질 수 없다. 하나님은 우리와 친밀하기를, 또한 우리가 자발적인 순종을 통해 그분을 따르기를 원하신다. 그래서 인간에게 인격과 자유의지를 주시고, 아담 앞에 선악과를 두셔서 스스로 선택하게 하셨다.

그래서 부모인 우리가 먼저 복음을 경험하고, 자녀들이 복음 안에서 하나님과 친밀한 관계로 들어갈 수 있도록 통로 역할을 해야 한다. 그러려면 하나님나라 복음의 방식이 육아 원칙에도 적용될 필요가 있다.

이런 원리를 이해했기에 아내와 나는 자녀들을 기꺼이 풀어주기로 결단했다. 아이들의 눈높이에 내 눈과 기대를 낮추는 법을 배웠다. 그리고 스스로 선택하도록 기회를 주는 모험을 하면서 기다려주는 용기를 갖게 되었다.

신앙적 완벽주의를 가지고 자녀를 양육하려 할 때, 우리 안의 두려움이 우리를 끌고 가는 경우가 많다.

'내가 양육을 바로 하지 못해서 자녀가 잘못되면 어떻게 하지?'

양육 실패의 두려움, 즉 자녀가 내 무능과 무지로 인해 잘못된 길로 갈지도 모른다는 불안에 마음을 놓지 못한다. 하나님의 자유 안에서 자녀를 키운다는 것은 두려움과 부담을 그분께 맡기는 것이다. 내 부족함에도 불구하고 하나님이 자녀를 위한 최선의 길을 예비하셨고, 그것을 이루실 것을 신뢰하는 것이다.

물론 자녀가 잘못된 길을 선택할 수 있다. 하지만 그 길에서조차 자녀들은 훈련의 기회를 얻는다. 우리의 실수에도 불구하고 아이들에게 두 번째 기회(second chance)를 주시며 합력하여 선을 이루실 하나님을 기대하며 그들을 바라봐주자.

인도네시아에서 비자 문제로 어려움이 생겨서 가족이 모두 한국에 잠시 들어가 있어야 했다. 언제까지 기다려야 될지 모르는 상황에서 하나님께 아이들의 학교 문제로 어려움을 호소했다. 그때 하나님께서 내게 자녀의 미래를 온전히 그분께 맡길 수 있는지 물으셨다. 내가 그렇게 하겠다고 말씀드리자 내 마음의 짐이 떠남을 느꼈다.

한동안 큰아이를 보면서 불안했다. 특히 아이의 학업과 진학을 생각하면 걱정이 앞섰다. 우리 공동체에서 학교를 만들면서 당시 국제학교에 다니고 있던 아이들을 우리 학교로 전학시켰다.

학교의 첫 학생인 만큼 아이들이 잘해주기를 기대하는 마음이 있었다. 하지만 그것 역시 아이의 문제가 아니라 내 문제임을 깨달았다. 그제야 하나님께서 아이의 미래를 위한 최선을 준비하고 계심을 믿음으로 고백할 수 있었다.

부모로서의 부담을 하나님께 내어드릴 때 찾아오는 자유함이 있다. 물론 자녀를 하나님께 의탁한 뒤에도 상황은 별반 달라지지 않는 것처럼 느껴진다. 그럼에도 그 자유함에서 비롯되는 평안이 있다. 그것이 자녀에게 선한 영향력으로 전달된다.

그리고 기다림의 시간이 끝나고 때가 되면 상황이 변하는 것을 경험한다. 이것이 내가 인도네시아 땅에서 지난 5년간 육아와 관련해서 경험한 인도하심이다.

큰아이와 관계에서 배워가기

최근 2년 동안 사역에도 새로운 도전이 있었고, 가정에도 자녀들과 관계에서 중요한 고비가 있었다. 우선 사춘기를 지나는 큰아이 동연이와 새로운 관계 형성이 필요했다.

아이가 사춘기로 들어가면서 예배 시간의 태도가 내 눈에 거슬렸다. 중고등부 예배에 고개를 숙이고 있거나 찬양 시간에 입만 겨우 달싹이는 모습이 종종 눈에 띄었다. 우리 공동체는 금요일에 어린 자녀까지 모두 함께 예배를 드리는데, 내가 설교할 때 동연이는 경청하지 않거나 졸기도 했다.

사춘기의 자연적인 현상이라고 치부할 수도 있었지만, 나는 동연이 내면의 어떤 문제와 맞물려 있다고 느꼈다. 아이는 그즈음 내적인 갈등을 겪고 있었는데, 자신에 대한 부정적인 이미지와 열등감과 관련이 있어 보였다. 당시 아이는 가정과 학교에 대한 불만이 가득했다. 그리고 자신이 이루지 못한 것에 대한 변명이 많았다.

그런 모습에 대한 내 첫 반응은 화를 내는 것이었다. 이전에도 몇 번인가 공적인 자리에서 아이가 미숙하게 행동하는 것을 보고 화를 낸 적이 있었다. 분노하는 내 안에 아이에 대한 실망이 있었다.

나는 동연이의 수준보다 더 높은 기대를 갖고 있었던 것 같다. 특히 《내려놓음》에 예화로 동연이가 많이 등장했고, 내 설교에도 아이의 예가 많다 보니 몽골에 단기선교팀으로 오는 사람들이 아이를 찾는 경우가 많았다. 그래서 아이가 더 의젓하고 반듯하게 자라주기를 바라는 마음이 있었다.

어려서 동연이는 무척 사랑스럽고 조용한 아이였다. 그런데 중학생이 되자 열등감과 자신감 결여가 눈에 띄었다. 한번은 사역자 가정과 배드민턴을 치다가 내가 동연이보다 한 살 어린 아이에게 잘한다고 칭찬을 했다. 그러자 동연이가 "나는?" 하며 화를 냈다. 아이는 내 칭찬에 목말랐던 것 같다. 그런데 미숙한 아빠는 아이가 못마땅하기만 했다.

일련의 사건들을 통해 나는 아이와 관계에 다시 문제가 생겼다고 느꼈지만 어떻게 풀어야 할지 몰랐다. 아이에게 잘 대해주려고 해도 그것만으로 해결되지 않는 부분이 있었다.

하루는 동연이가 내게 말했다.

"남들은 내게 좋은 아빠를 두어서 좋겠다고 하는데, 나는 도대체 뭐가 좋은지 모르겠어."

나는 충격을 받았다. 한편으로는 '네가 복에 겨웠구나'라는 생각도 들었다.

그 시기에 동연이의 어떤 모습이 계속 내 마음에 거슬렸다. 나는 아이가 무슨 일을 하든지 최선을 다하는 모습을 보이길 원했고, 그렇지 않은 상황을 보면 화가 났다. 그래서 의도적으로 아이와 마주치기를 피하기도 했다.

어느 날 아내와 대화하다가 내가 아이의 어떤 부분을 받아들이지 않음을 깨달았다. 그러자 관계 문제의 가장 중요한 원인이 아이가 아니라 내게 있을 수 있다는 생각이 들었다. 돌아보니 나는 아이의 한 부분을 불편해하고 있었다.

동연이의 왼손잡이를 교정해주려다가 나는 잔소리꾼이 되었다. 또 아이는 학업 면에서 경쟁심이 많지 않았다. 반면에 둘째는 공부에 대한 열심과 완벽주의 성향이 있었다. 큰아이가 잘못된 것이 아니고 다른 것임에도 항상 좋은 성적을 유지했던 나로서는 아이를 이해하기가 어려웠다. 그래서 다그치면 다그칠수록 아이는 주눅이 들었다. 그런 아이를 보는 내 시선이 편하지 않았다.

그런데 동연이가 나를 통해 하나님을 경험하게 될 것이기에 내가 바뀌지 않으면 아이에게 큰 방해가 될 것이라는 생각이 불현듯 들었다. 아이를 향한 가장 큰 바람이 하나님을 깊게 만나는 것이므로 내 쪽에서 무엇이라도 양보해야 했고, 변화가 필요했다.

이를 두고 묵상하면서 내가 아이를 보는 시선에 문제가 있음을 알아차렸다. 나는 아이를 있는 모습 그대로 받아들이고 싶지 않았다. 그래서 내 기대에 맞지 않는 모습에 조바심이 났고, 아이에 대한 불만과 불안한 마음이 생겼다. 아이도 자연스럽게 그것을 느꼈을 것이다.

아이를 향한 가장 큰 바람이 하나님을 깊게 만나는 것이므로
내 쪽에서 무엇이라도 양보해야 했고, 변화가 필요했다.

더불어 이 문제는 내가 우리 가족 중 누군가를 불편해하는 것과 연결되어 있음을 알게 되었다. 그것들을 하나하나 꺼내어 인정하고 회개하는 시간을 가졌다. 그러자 하나님께서 나를 품어주시고 사랑해주시는 그 마음을 아이에게 주지 못했다는 자각이 생겼다. 동시에 아이를 바라보는 내 시각에 교정이 일어났다.

아이를 만드신 하나님의 눈으로 보게 되었고, 아이의 일부가 아닌 전부를 감사함으로 받을 수 있게 되었다. 이 일은 다른 사람을 향한 내 시각도 바꾸었다. 전에는 받아들이기 어려웠던 상대도 조금씩 따뜻한 시선으로 품어주게 되었다.

그러자 문득, '나는 좋은 아빠가 아닐 수 있겠다'라는 생각이 들었다. 아이의 낮은 자존감에 나도 한몫했겠다는 자각이었다. 사내아이는 아빠와 경쟁하면서 아빠를 이겨가는 데서 희열을 느끼고 자기 정체성을 찾아간다고 들었다.

동연이의 키가 나를 넘어섰을 때 아이는 무척 뿌듯해했다. 아빠를 넘어서는 기쁨이 그런 것이겠다 싶었다. 그런데 동연이 입장에서 나를 이기는 과정을 지난하게 느낄 수 있겠다는 생각이 들었다. 내가 학력도 높고, 이미 대외적으로도 널리 알려졌고, 사역도 많이 하다 보니 아이 입장에서 아빠를 이길 기회가 적어 보였을 것이다.

'이런 나 때문에 아들이 자신감을 드러낼 기회가 별로 없어서 힘들었겠구나.'

어느 날, 아들 방에 가서 말해주었다.

"동연아, 아빠가 네게 미안한 것이 있어. 네가 보기에는 아빠가 잘난 게 많아서 나를 이기기가 너무 힘들어 보였겠다. 아빠가 너무 미안하다."

그러자 아들이 크게 공감하는 표정을 지었다. 그 무렵부터 나도 동연이가 기쁘게 잘할 수 있는 것이 무엇인지 찾기 시작했다. 어느 날, 아이가 공부보다 그림을 그릴 때 행복하다고 말했다. 아이는 어려서부터 눈썰미가 좋았다. 방향 감각도 뛰어났고 형태에 대한 이해나 기억이 좋았다. 감사하게도 미술을 배울 수 있는 길이 열렸다.

동연이는 자카르타까지 왕복 4시간이 넘는 거리를 차를 타고 다니면서도 그림을 배우는 것이 너무 행복하다고 말했다. 아이는 그림에 자신의 감정을 쏟았다. 그래서 미술이나 디자인 방면으로 진학을 고려하게 되었다. 아이는 미술을 통해 자신감을 얻고 생활에 활력을 얻으면서 학교생활을 즐겁게 여기기 시작했다.

부모가 변하는 만큼 아이도 변한다

한번은 동연이가 내게 이런 질문을 했다.

"아빠, 선교사 자녀가 되는 것이 죄인가요?"

교회에서 어른들이 "선교사 자녀가 그렇게 행동하면 안 된다"라는 말을 많이 한다고 했다. 나는 아이에게 말해주었다.

"동연아, 너는 선교사 자녀처럼 행동할 필요가 없어. 네 모습 그대로 있으면 돼. 아빠가 선교사라고 해서 네가 선교사처럼 살아야 하는 건 아니야. 그리고 선교사 자녀처럼 살려고도 할 필요 없어. 너는 선교사 자녀이기 전에 너 자신이야.

남들이 어떻게 말하든 신경 쓰지 마. 남들에게 잘 보이려고 노력하지 않아도 돼. 아빠는 네가 어떻게 행동하든지 너를 지지할 거야. 어떤 상황에서도 너를 부끄러워하지 않고 자랑스러워할 거야. 걱정하지 마. 아빠는 너를 있는 모습 그대로 받아줄 거야."

이 일 이후에 동연이가 나를 대하는 게 훨씬 편안해졌고, 반응도 친근해졌다.

선교사나 목회자 자녀들이 성장기에 심리적 어려움을 겪는 이유 중 하나는, 아직 헌신을 결단할 수 있는 나이가 아닌데도 사역자 자녀답게 살아야 한다는 주위의 기대와 요구로 마음이 힘들어 뒤틀어지기 때문이다. 스스로가 이해해서 순종과 헌신의 모습을 보이기 전에 외부의 눈을 의식해서 순종의 모습을 만들어내다 보면 위선적인 삶으로 내적 고통을 받기 쉽다.

그래서 나는 기회가 될 때마다 "아빠가 있는 모습 그대로 너를 사랑하며 아빠의 인정을 받기 위해 더 잘하려고 애쓸 필요가 없다"

라는 메시지를 계속 주려고 노력했다. 아이의 낮아진 자존감을 채우고 넘치게 하려면, 아이가 그 말을 온전히 믿고 받아들일 때까지 지속적으로 얘기해줄 필요를 느꼈기 때문이다.

그즈음 아내와 깊은 대화를 나누며 큰아이 문제를 놓고 회개한 적이 있다. 첫아이다 보니 높은 기대를 갖고 아이를 끌고 가려고 했음을 깨달았다. 아내도 나도 공부를 잘했고, 둘째 아이도 공부를 곧잘 하다 보니, 공부에 흥미가 적고 감성적이며 평범한 아이를 이해하기보다는 나무란 적이 많았다.

그런데 늦둥이로 셋째와 넷째를 키우면서 아이를 끌고 가기보다는 그저 즐기는 법을 배웠다. 그러고 나서 큰아이를 키웠던 방식을 돌아보니 아이에게 미안한 마음이 들었다. 그래서 우리는 아이에게 용서를 구하기로 했다. 우리가 미숙해서 아이를 그대로 받아주지 않고 우리의 기준에 맞춰 끌고 가서 상처를 준 것에 용서를 구하며 아이를 안아주었다.

나는 엘리트 코스를 밟으면서 대학에서도 교수님의 칭찬이 매우 인색한 분위기에서 공부를 했다. 그러다 보니 아이가 자랄 때 충분히 칭찬해주지 못했음을 깨달았다. 동연이는 성향상 채워져야 할 칭찬의 그릇이 큰 아이였는데, 아빠의 인색한 칭찬과 인정에 힘들었던 것이다. 그래서 이렇게 말해주었다.

"동연아, 때로는 아빠가 네게 칭찬하는 것을 빼먹을 수 있어. 하지만 네가 아무리 실패하여 깨지고 죄 가운데 허우적거려도 네가 내 아들이라는 것을 자랑스러워할 거야. 너는 하나님이 아빠에게 주신 특별한 선물이니까."

아마 이때를 계기로 아이는 사춘기의 산에서 내려오기 시작한 것 같았다. 얼굴이 편안해지고 공부와 그림 그리는 일에 집중하는 모습이 보였다. 학교생활에도 불만이 적어지고 태도가 좀 더 긍정적으로 바뀌었다. 자기방어적인 태도에서 벗어나 지적을 받아들일 수 있는 수용성이 생겼다.

또한 학교에서도 리더십을 보이기 시작했고, 그런 변화가 선생님들에게도 기쁨을 주었다. 그리고 무엇보다도 내 설교를 집중해서 들어주는 날이 많았다.

아직 아빠에 대해 오해를 할 때도 있고, 엉뚱한 일로 상처를 받기도 하지만 아이는 자기 수준에서 계속 성장하고 있다. 나도 아이와 눈높이를 맞추니 성장의 속도나 수준에 대해 안달하지 않게 되었다. 내가 아이를 억지로 바꾸려 할 때는 아이가 반발하고 바뀌지 않았다. 동연이를 바꾼 것은 내 태도와 시각과 마음이 바뀌어 그를 더 사랑해주는 것을 통해서였다.

이 과정을 통해 자녀의 문제는 먼저 부모의 문제라는 것을 확인했다. 내가 바뀌는 만큼 아이도 바뀌었다. 쉽게 바뀌지 않았을 내가 아이 때문에 비로소 바뀌었다.

아이로 인해 내가 바뀌고 성장할 수 있는 것이 육아의 큰 보람이고 선물이다. 동연이와 관계가 불편했을 때 아이의 어떤 태도가 유난히 거슬렸던 적이 있는데 그 이유를 곰곰이 생각해보니, 아이의 모습에 아버지와 처남의 모습이 오버랩되었기 때문이다.

내 안에 그들을 품지 못하고 불편해하는 마음이 있음을 알게 되었다. 처남은 홍대에서 하드 록을 연주하는 밴드를 이끈다. 머리도 길게 기르고, 술과 담배를 좋아하며, 삶의 방식이나 사고방식이 나와는 많이 달랐다. 동연이를 있는 그대로 품는 것은 가족들 가운데 내가 받아들이지 못했던 부분을 포용하는 것을 의미했다.

그래서 지난여름에 한국에 나갔을 때 처남을 만나 길게 대화했다. 우선 내가 그를 불편해하고 받아들이지 못했던 것에 대해 용서를 구했다. 그리고 그가 어떤 길을 가든지 다른 사람 앞에서 부끄러워하지 않을 것이라고 말해주었다. 그러고 나서 서로 끌어안는데 처남이 흐느끼는 것이 느껴졌다. 그에게 복음에 대해 설명하고, 외모에 변화를 주지 않고도 편하게 다닐 수 있는 교회를 물색해서 소개해주었다.

아이를 품는다는 것은 가정의 관계된 모두를 품는 것을 의미했다. 이 과정을 통해 내 마음이 더 겸손해지고, 지경이 넓어지며, 가정에서 하나님의 통치가 확장됨을 보았다.

다음 장에는 아내의 고백을 담았다. 내 이야기의 연장선에서, 하나님의 마음을 배워가면서 육아에 대한 마음과 태도가 바뀐 이야기들이다. 엄마의 연약함과 실수에도 불구하고 엄마와 아이들을 변화시켜 성장시키시는 하나님의 이야기이다.

아이의 모습 그대로 받아들이는가?

큰아이 받아들이기

첫아이 동연이는 부드러운 감성을 가졌다. 아이를 키우면서 소위 아들 키우는 어려움을 별로 느끼지 못했다. 대여섯 살 즈음에 아빠의 집회에 따라가서도 조용히 그림을 그리면서 예배를 방해하지 않던 아이였다. 네 살 터울로 동생이 태어났을 때도 시샘을 심하게 하지 않는 듯 보였다.

동연이의 심리적 어려움은 우리가 몽골에 가면서 시작되었다. 당시 아이는 만 4세였다. 몽골에 들어가자마자 우리 부부는 각자의 사역을 시작했고, 아이를 선교사자녀학교 유치원에 보냈다.

특히 나는 박사 코스워크를 마무리하고 처음 해보는 사회생활인 연구소 소장 역할을 잘 감당하고 싶은 마음이 컸다. 우리는 동연이가 받는 문화충격이나 적응 스트레스는 생각하지 못한 채 각자 코앞에 닥친 사역을 감당하느라 정신이 없었다. 유치원 통학버스를 안 탄다고 우는 아이를 이해하며 다독여줄 마음의 여유가 없어서 내 스트레스를 우는 아이에게 풀기도 했다.

2006년, 동연이가 초등학교 1학년일 때 남편의 첫 책《내려놓음》이 출간되었고, 우리의 삶은 손바닥 뒤집듯 바뀌었다. 남편이 갑자기 유명해지면서 단기선교팀이 몽골에 쏟아져 들어와서 이용규 선교사와 그 책의 중요한 소재가 되었던 동연이를 찾기 시작했다.

그때부터 남편은 몽골 사역과 더불어 말씀 사역을 위해 해외에 자주 나갔다. 그즈음에 동연이는 "왜 서연이가 태어났을 때 나를 안아주지 않았어?"라며 때늦은 샘부림을 시작했다. 또한 아주 겸손한 성적표를 받고도 아무런 문제를 느끼지 못하는 동연이의 태도에 당황하여 심하게 혼내기도 했다.

'《내려놓음》을 쓴 저자의 아들이 어떻게 이런 점수를….'

고학력의 부모라서 평범한 아들을 이해하지 못했다. 그때는 우리 부부도 새로운 환경에서 정체성의 혼란을 겪는 시기였기에 본의 아니게 우리의 잘못된 정체성에 아이를 묶는 실수를 저질렀다. 이는 아이의 자존감에 좋지 않은 영향을 끼쳤다.

하나님께서 내 나이 40세, 43세에 하연이와 정연이를 선물로 주셨다. 동연이, 서연이와는 완전히 다른 성향의 아이들이었다. 특히 하연이는 나를 완전히 깨지게 만든 고마운 아들이다.

나는 두 명을 더 키우는 과정을 통해 너무나 당연한 진리를 겨우 깨달았다. 하나님께서 아이들 한 명 한 명을 저마다 다르게 만드셨기에 우리가 무엇이 더 좋고 나쁜 성향인지 판단하면 안 된다는 것을…. 나를 편하게 해주는 성향은 좋은 것이고, 힘들게 하는 성향은 나쁜 것이라는 생각 자체가 잘못된 것이었다. 그분이 아이들을 각기 다른 성향으로 창조하셨기에 나는 그냥 품어주어야 했다.

하나님께서는 동연이의 성향을 받아들이지 못하고 때로는 부끄러워했던 것이 얼마나 큰 죄인지 내게 알려주셨다. 또 많이 인정해주고 격려해주지 못한 것에 용서를 구해야 한다는 깨달음을 주셨다. 그래서 부부가 함께 마음을 나눈 후에 동연이를 불렀다.

"동연아, 하나님께서 엄마 아빠에게 하연이와 정연이를 주신 이유가 여러 가지가 있겠지만, 그 중에 하나는 우리가 잘못해온 것을 깨닫게 해주시려는 것 같아. 네 모습 그대로를 사랑해주지 못해서 미안하구나. 우리는 지금 네 모습 그대로를 사랑해. 네가 자랑스럽단다."

그동안 동연이도 많이 아팠는지 같이 눈시울을 붉혔다. 아이가 대학에 가기 전, 우리 곁을 떠나기 전에 꼬인 관계를 해결할 수 있도록 은혜를 주신 하늘 아버지께 정말 감사했다.

아이가 변할 수 있는 시작점

몽골에서 사역을 하는 동안, 내 내면의 여러 가지 문제들이 드러나고 깨지느라 너무 힘들었다. 그러는 와중에 남편이 말했다.

"여보, 동연이에게 당신이 필요한 것 같은데, 사역을 그만하지."

당시 나도 두 아이가 정서적으로 불안한 것을 감지하고 있었다. 하지만 2년 동안 사역을 하기로 약속했기에 속이 상해서 말했다.

"당신 사역만 사역이고, 내 사역은 사역이 아니에요?"

또 한번은 동연이의 문제가 나와 연관된 것 같다는 남편의 말에 얼마나 기분이 상했는지 모른다. 그때는 그 말이 무슨 뜻인지 모르고 화만 났다. 왜 여자만 포기해야 되냐는 억울한 마음도 있었다. 남편과 관계가 가장 안 좋았던 시기이기도 했다.

그런데 복음학교를 통해서 자기 연민과 내가 내 마음의 왕으로 사는 것이 죄라는 것을 깨닫고서 시각이 변하기 시작했다. 그 전에는 "나는 작은 죄인, 히틀러는 큰 죄인"이었다. 그런데 복음을 통해 내면의 상태를 알고 나니 나도 특정한 상황과 조건이 갖추어지면 그보다 더 큰 죄악도 저지를 수 있는 죄인임을 처절하게 깨달았다.

복음학교를 마치고 집으로 돌아오자 내 죄로 인해 틀어진 관계들이 보였다. 그간 연구소에서 능력 있는 소장으로 인정받고 싶은 욕심 때문에 어린 동연이가 엄마를 필요로 하는 울부짖음을 무시했었다. 사역을 완전히 그만두지 않더라도 다른 노력을 할 수도 있었을 텐데 내게만 집중했었다. 마침 감사하게도 2년의 사역이 끝나서 내 안에 무너진 신앙과 주위의 관계들을 하나씩 하나님의 빛 앞으로 가지고 나갈 수 있었다.

문제가 드러난다는 것

동연이 문제를 직면하고 조금씩 해결해가는 중에 서연이 문제가 터졌다. 몽골에서 내가 일하는 동안, 아이는 크리스천 보모 언니 손에서 자랐다. 참 착하고 신실한 몽골 자매였다.

연구소 사역을 정리하고서 자유를 만끽하며 기도 모임 등에 바쁘게 돌아다니던 중에 만 3세였던 서연이가 갑자기 이상한 감정적 증상을 보였다. 엄마들은 자녀가 뭔가 이상하다는 것을 직감적으로 알 수 있다.

이때는 남편이 얘기해주지 않아도 일차적으로 나와 관련된 것임을 인정할 수 있었다.

'내가 또 뭘 인정해야 되나?'

이것이 내 문제임을 인정하기 위해서는 자존심을 꺾어야 했다. 다음으로는 그 문제와 상처를 하나님께 보여드리고, 소독하고 수술 받아야 했다. 온전해지려면 따끔하고 아파서 눈물 흘리는 치유의 시간과 대면할 용기가 필요했다.

서연이는 엄마에게서 잘 떨어지지 않는 성향인데 아침에 내가 출근할 때마다 힘들었겠다는 생각이 들었다. 사역을 안 하면서도 내 목마름을 채운다고 또다시 아이를 떼놓고 나갔던 것이 미안했다. 그래서 어린 서연이에게 물었다.

"서연아, 왜 그래? 엄마가 너를 놓고 나가서 싫어?"

갑자기 아이가 큰 소리로 엉엉 울기 시작했다. 나는 아이를 품에 안고 약속했다.

"엄마는 네가 엄마를 따라 나가면 기다리느라고 힘들고 심심할까 봐 그랬지. 이제 시장을 가든, 기도회를 가든 꼭 서연이랑 같이 나갈게."

그 이후로는 서연이 도시락을 싸서 내가 가는 곳마다 데리고 다녔다.

우리는 키우기 편한 아이를 좋아한다. 내가 아이들에게 화를 내는 이유는 아이들을 위해서가 아니라 내가 힘들어서이다. 둘째 서연이가 어렸을 때 '얘는 왜 이렇게 낯을 가리고 엄마에게서 안 떨어질까?'라는 생각에 힘들 때가 많았다.

몽골 사람들은 워낙 아이들을 예뻐하기 때문에 식당에서 손님이

온전해지려면 따끔하고 아파서 눈물 흘리는
치유의 시간과 대면할 용기가 필요했다.

식사를 하는 동안 종업원들이 아이들을 안아주고 놀아주기도 한다. 그런데 나는 그렇게 우아하게 먹는 것은 상상할 수도 없었다. '얘는 유독 왜 이럴까?' 하면서 오랜 시간 힘들어하다가 어느 날 이런 생각이 들었다.

'나는 왜 서연이를 낯가리지 않는 다른 아이랑 비교하며 힘들어할까? 하나님께서 얘를 이런 성향으로 만드신 것인데….'

그 후 서연이의 낯가림을 있는 그대로 받아들였다. 그러고 나니 상황이 똑같아도 내 마음이 예전처럼 힘들지 않았다.

박사학위와 동일하게 귀한 육아

나는 터프스(Tufts)대학의 영양정책학 박사과정 논문자격시험을 마치고 논문의 개요와 목적을 설명한 프로포절(proposal)이 통과된 뒤에 몽골에 선교사로 왔다. 원래는 연구소에서 일하면서 박사 논문을 따로 진행하려고 했다.

논문의 주제는 영양 프로그램의 효과를 비교하는 것이었다. 그런데 막상 몽골에서 진행되는 영양 프로그램들을 보니 그것을 제대로 측정하는 게 쉽지 않을 것 같았다. 결국 시간은 시간대로 흘러가고 원래 준비해온 논문 주제가 아닌 새로운 주제를 잡아야 되는 상황에 부딪혔다. 그즈음 남편은 해외 집회에 자주 나가고, 몽골 대학 사역도 바빴다.

그때부터 논문 주제를 다시 잡고 진행하면 최소 3,4년은 걸려야 마무리가 될 것 같았다. 내 성격에 박사학위를 선택하면 남편의 사역과 아이들 양육을 잘 도울 수 없는 것은 눈에 보듯 뻔했다. 남편은 여태껏 한 것이 있는데 아깝지 않냐며 돕겠다고 했지만, 이미 내 안에 박사학위를 위한 열정과 미련이 남아있지 않았다.

기도 중에도 하나님 앞에 이 결정이 부끄럽지 않았다. 그래서 최종적으로 담당교수님에게 박사과정을 포기하겠다는 내용의 이메일을 보냈다.

그러고 얼마 후에 셋째를 임신한 것을 알게 되었다. 이메일을 보낼 때 이미 아이가 뱃속에 있었던 것이다. 하나님께서 내 결정을 존중해주시며 이렇게 말씀하시는 것 같았다.

'주현아, 한 생명을 낳고 키우는 것은 네가 박사모를 쓰고 졸업하는 것과 동일하게 명예롭고 귀한 것이란다.'

물론 각자의 부르심이 다르다고 생각한다. 모든 엄마들이 직업을 포기하고 가정에만 있어야 된다고 생각하지 않는다. 내 주위에는 직업을 가진 엄마로서 기도하고 애쓰며 가정과 맡은 사역을 다 잘 감당하는 사람들이 많다. 그들을 진심으로 존경하며 응원한다.

단지 내 경우는 모든 것을 다시 시작해야 하는 상황에서 공부를 선택하면, 그동안 생긴 가정에서의 내 공백을 결국은 감당해야 한다는 게 뻔히 보였다. 그리고 가장 중요한 것은, 내 안에 그 모든 것을 감내할 만큼 공부에 대한 열정이 있는지, 하나님께서 다시 시작하기 원하시는지 확신이 없었다

엄마로서 직업을 가질지 말지 결정할 때 내면의 동기가 무엇인지, 하나님께서 원하시는 것은 무엇인지 깊이 생각해보아야 한다. 확실한 소명을 가져야만 직업을 가지고 있을 때 생기는 많은 도전과 전업주부로 집에만 있을 때 생기는 열등감에 건강하게 반응할 수 있다.

내가 존경하는 친구이자 동역자였던 한 사모님은 나와 같이 연구소에서 일하고 집에 가서도 아이들의 눈높이로 잘 놀아주었다. 그녀는 내게 아이들과 지내는 시간의 양보다 질이 더 중요하다고 얘기해주었다. 지혜로운 워킹맘의 자세였다. 하지만 나는 그 말을 제대로 알아듣기에는 여전히 자기중심적인 엄마였다.

아이를 창피해하지 마라

셋째 하연이는 내 면류관이었다. 임신을 알았을 때는 잠시 당황했지만 늦둥이에게 사랑을 흠뻑 주며 재미나게 키웠다. 동연이와 서연이가 낯을 많이 가려서 힘들었던 것에 비해 하연이는 아주 친근한

성격이어서 더 큰 기쁨을 주었다.

그러다 2년 반 터울로 넷째 정연이가 태어나고, 2개월 된 아이와 온 식구가 인도네시아로 오면서 하연이의 꽃길은 막을 내렸다. 동연이가 만 4세에 몽골에 갔던 것처럼 하연이도 만 3세 즈음에 인도네시아에 들어갔다.

환경도 바뀌고, 동생이라는 존재가 옆에 있고, 새로운 유치원에 다녀야 하는 하연이는 두고 온 장난감이 있는 미국 애틀랜타로 가자고 얼마나 많이 울었는지 모른다.

순하고 부드러웠던 하연이가 변하기 시작했다. 미운 짓을 할 나이도 되었지만, 나는 나대로 육아에 지치고 영적으로 침체되어 거칠어진 아이를 달래는 데 지쳐버렸다. 나름 최선을 다해 사랑과 인내를 짜내서 해줄 만큼 해주었는데도 더 부어주길 원하는 아이를 보며 좌절했다.

하루는 너무 지치고 힘들어서 좀 쉬고 싶은 마음에 아이패드를 아이에게 주었다. 그런데 종일 붙잡고 있더니 급기야는 떼를 쓰는데 도무지 제어하기가 어려웠다.

나는 하나님께 '왜 넷째를 주셔서 우리 예쁜 셋째를 망쳐놓으셨나요?' 하며 많이 울었다. 당시 남편은 췌장에 문제가 생겨서 수술을 받느라 몇 개월 동안 한국에 가 있었기 때문에 남편의 공백이 컸던 때였다.

한번은 교회 식당에서 한바탕 난리를 치는 하연이를 억지로 안고 화장실로 뛰어가기도 했다. 이미 교회에 "이용규 선교사의 셋째 아이가 성격이 대단하다"라는 이야기가 돌고 있었다. 나는 정말 창피하고 화가 났다.

그런데 나를 위해 중보기도를 해주던 한 사모님이 "하연이를 창피해하지 말라"라는 마음을 나누어주셨다. 내 속을 훤히 뚫어보시는 하나님이셨다.

어느 날, 다시 교회에서 떼를 부리며 도끼눈을 뜨고 한구석에서 나를 노려보는 하연이를 보았다. 평소 같았으면 또다시 화장실행이었다. 하지만, 나는 아이 입장에서 생각해보았다.

'하연이가 지금 무엇을 원할까?'

결국은 엄마의 사랑을 갈구하는 것 같았다. 그래서 마음을 다잡고 화난 표정을 부드러운 얼굴로 바꾸어 두 팔을 벌리고 하연이를 계속 쳐다보았다. 그렇게 한참을 기다렸다. 나도 이 끝이 어떻게 될지 궁금해졌다. 계속 흘겨보던 아이의 눈이 풀어지더니 내게로 와서 안겼다. 그 이후로 아이가 조금씩 회복되기 시작했다.

다른 길이 없단다

인도네시아에 들어온 지 4년, 하나님께 묻고 싶었지만 꾹꾹 누르며 참았던 질문들이 마구 터지면서 내 마음의 풍랑을 걷잡을 수 없었다. 가장 오래 씨름했던 질문은 '왜 늦은 나이에 정연이를 주셨나요?'였다.

물론 생명이 하나님의 가장 큰 선물이라는 것을 안다. 루프(여성용 피임 기구)를 하고 있었음에도 넷째 정연이를 허락하셨다. 하나님은 실수를 하시는 분도 아니고 좋은 분인 것을 안다.

그럼에도 사역 공동체 리더의 아내로서 왜 아직도 곁에서 안 떨어지는 아이를 붙잡고 씨름하며, 내가 하고픈 언어공부도 못하고, 제대로 된 사역도 못하고 육아에만 시달려야 하는지…. 이 상황에서 도망가고 싶고, 이해되지 않고, 도저히 감당할 수가 없고, 감당하기도 싫어서 많이 원망했다. 그런데 하나님께서 그 고통의 터널을 지나면서 우는 시간을 허락하신 후에 응답해주셨다.

'도망갈 수 없단다. 이것이 네가 가야 될 길이란다. 다른 길이 없단다.'

그런데 막상 그 대답을 듣고 나니까 기적이 일어났다. 감정적, 육체적으로 힘들어질 때마다 광풍이 몰아쳐서 머리와 마음이 복잡했는데, 그런 내면이 잔잔하고 고요해졌다. 또한 하나님은 내 오래

다그치지 않으시고, 고집 세고 느린 내 옆에서
묵묵히 참고 인내하시며 내가 스스로 변하기를 원할 때까지
기다려주신 하나님을 볼 수 있었다.

묵은 질문들에 대한 대답으로 하나씩 하나님의 마음을 깨닫게 해 주셨다. 마흔이 넘은 내게 왜 자녀를 둘이나 더 주셨는지, 그것이 나와 공동체에 어떤 유익이 되는지, 내가 어떤 마음으로 이 공동체를 품어야 하는지, 우리를 향한 아버지의 마음이 어떠한지, 한 영혼이 왜 그토록 귀한지 말이다.

그러자 너무나 기쁘고 감사하며 생각이 단순해졌다. 내 내면이 변하니까 주위의 문제를 보는 시선도 변했다.

'너는 왜 그 모양이니? 왜 걔처럼 못하니? 그걸 왜 못 품니? 왜 빨리 안 변하니?'

이렇게 다그치지 않으시고, 고집 세고 느린 내 옆에서 묵묵히 참고 인내하시며 내가 스스로 변하기를 원할 때까지 기다려주신 하나님을 볼 수 있었다. 그래서 네 자녀를 포함한 다른 사람들에게도 그렇게 반응할 수 있었다. 또한 받아들이기 어려운 상황에서도 하나님의 신실하심에 대한 신뢰가 예전보다 더 커졌다.

자녀를 통해 알게 된 하나님 마음

아이의 정서가 불안하면 나를 먼저 들여다봐야 한다. 내가 너무 바빠서 아이의 필요를 보지 못하거나, 한 아이를 편애하고 있거나,

관심과 사랑을 충분히 주지 못하거나, 너무 집착해서 아이를 숨 막히게 하고 있지는 않은지.

엄마가 영적, 정서적으로 건강하면 문제를 인정하고 그 원인을 좀 더 빨리 파악할 수 있다. 그러면 시간은 좀 걸려도 결국 하나님의 은혜 안에서 회복이 가능하다. 그리고 엄마와 자녀가 상처 입은 치유자가 될 수 있다.

하지만 엄마가 영적, 정서적으로도 아직 어리거나 피폐해 있거나 병들어 있음에도 먼저 치유 받지 않으면 아이의 문제도 치유되기 어렵다. 그래서 부모 된 우리가 먼저 하나님을 깊이 만나고 성장하는 것이 중요하다.

나는 아이들을 키우며 하나님의 말씀을 더 깊이 깨달았다. 왜 서로 사랑하라고 하셨는지, 왜 시기하지 말라고 하셨는지, 왜 미워하고 싸우지 말라고 하셨는지, 왜 비판하지 말라고 하셨는지, 왜 나누라고 하셨는지, 왜 가난한 사람과 과부와 고아를 돌보라고 하셨는지, 왜 하나님을 사랑하라고 하셨는지, 왜 당신과 교제하자고 부르시는지 자연스럽게 느끼게 되었다.

그 모든 것은 부모인 내가 자녀를 양육하면서 자녀들에게 바라는 바와 같기 때문이다. 네 자녀 중에 한 명이 힘들어하면 다른 자녀가 도와주기를 바란다. 형제끼리 싸우면 내 마음이 아프다. 아이들이 다른 사람의 장점을 부러워하거나 본인의 약점으로 인해 힘들어하면

속상하다. 자기 자신을 그대로 받아들이고 사랑하기를 바란다.

동서남북처럼 서로 다른 네 자녀가 함께 연합하며 즐거워하는 것을 보면 우리도 너무나 흐뭇한데, 모두 제각각으로 창조된 우리가 예수님 안에서 연합하면 하나님은 얼마나 흐뭇하실까!

아버지 되신 하나님의 우리를 향한 마음을 깨닫고, 자녀를 키우다가 내 죄와 연약함으로 실수를 했더라도 깨닫고 돌이키면 회복의 기회를 주시는 하나님께 감사하기에, 오늘 하루도 내게 허락하신 이 좁은 길을 겸손히 걸어갈 뿐이다.

8장

부모로서의 **성공**

최고의 인생을 산다는 것

부모로서의 성공이 무엇이라고 생각하는가? 어떤 모습을 이상적인 크리스천 부모의 모델로 삼고 따라가는가? 일반적으로 교회에서는 큰 교회의 권사, 순장, 구역장 등 교인 훈련 프로그램의 리더로 섬기면서 열매를 맺어 교인들에게 칭찬을 받고, 동시에 자녀를 잘 교육시켜서 명문대에 입학시킨 사람을 좋은 모델이자 성공 사례로 생각하는 경향이 강하다.

그런 의미에서 보면 내 어머니는 성공 사례에 들 만한 분이다. 하나님을 믿지 않는 원불교 집안에 시집와서 신앙을 지키기 위해 눈물의 시간을 보내셨다. 자녀들을 믿음 안에서 키우려고 애쓰며 희생하셨다. 그래서 3남매가 다 명문대를 졸업했고, 믿음의 가정을 이루었다. 그리고 어머니는 감리교회에서 장로로 피택 받아서 섬기셨다.

시댁의 혹독한 박해로부터 신앙을 지켜내신 어머니에게 하나님은 '자녀들의 학업 성취'라는 선물을 주셨던 것 같다. 그런데 하나님께서 어머니를 더욱 정금같이 만들기 위해 자녀들에 대해 하나씩 내려놓는 훈련을 시키셨다. 매형의 수술, 미국에 간 딸의 고생을 통해서였다. 그때 무척 두려워하고 힘들어하시는 어머니의 모습을 보면서 하나님께 많이 헌신하셨지만 정말 중요한 걸 드리지 않았다는 것을 깨달았다.

당시 나는 미국에서 유학 중이었는데, 한국으로 전화를 걸어 어머니께 말씀드렸다.

"어머니가 하나님께 하실 수 있는 진짜 헌신이 뭔지 아세요? 자녀들을 하나님께 드리셔야 해요. 하나님은 어머니가 자녀들에 대한 자랑과 자부심을 버리기 원하세요. 그것을 버리지 않으면 하늘나라에 가실 때 들고 갈 게 없을 거예요. 하나님 앞에 헌신의 열매로 보여드릴 게 없을 거예요."

어머니는 내 말을 마음 깊이 받고 자녀들의 세상에서의 성공과 안정으로 인한 자부심에 대해 회개하는 시간을 가지셨다고 한다. 그래서 내가 하버드를 졸업하자마자 몽골에 간다고 말씀드렸을 때도 어머니는 마음을 열어서 축복하실 수 있었다.

많은 경우에 우리는 자신의 신앙적 헌신의 열매가 자녀의 학업, 직업의 성공으로 나타나기를 기대하며, 그것을 복으로 생각한다. 그래서 부모들이 좋아하는 성경의 성공 스토리는 단연 요셉과 다니엘의 이야기이다. 하나님으로부터 지혜의 복을 받고, 세상에서 높은 지위에 오른 인물이기 때문이다. 일반적으로 한국 교회에서는 자녀들이 공부를 잘하는 것은 하나님께서 축복하신 결과이며, 그런 사람이 하나님께 더 쓰임을 받을 수 있다고 믿는 경향이 강하다.

물론 하나님의 은혜를 경험한 학생들이 학업에서도 성취를 보일 수 있다. 왜냐하면 은혜를 누리는 아이들은 자존감이 높고, 내적인 갈등을 쉽게 극복하며, 어려운 과제도 일단 붙들고 씨름할 수 있는 용기가 있기 때문이다. 또한 스스로 감당할 수 없는 일을 만나면 포기하기보다는 기도하면서 전진할 수 있는 힘도 있다.

그들은 하나님의 지혜를 구하는 과정에서 그분의 도우심을 만나게 된다. 그 과정을 통해 내면에서부터 솟아나는 열정과 열심이 생기고, 나태한 삶의 모습을 바꾸고자 하는 자각도 생긴다. 이 모든 과정은 내 삶에서도 일어났으며, 내가 미국에서 돌보던 교회 안의 많은 중고등학생과 청년들도 보편적으로 경험했다.

그러나 무엇보다도 내가 원하는 자녀의 성공적인 모습은 자녀가 하나님을 경험하면서 내적인 성장 속에서 자존감과 평안과 기쁨을 누리는 것이다. 또한 자신에게 묻어두신 하나님의 소명을 발견하고 인도하심을 따라 그 길을 가는 것이다.

이것은 사회적인 경쟁에서 이겨야 주어지는 것이 아니다. 세상에서 남들이 대단하다고 생각하는 무언가를 이루거나 안락한 삶을 영위

하면서 얻어지는 것도 아니다.

때로는 세상에서의 성공과 안락함이 자녀들을 향한 하나님의 계획이 이루어지는 데 방해가 될 수도 있다. 하나님께서 내 자녀를 통해 이루고자 하시는 일이 온전히 성취될 수 있다면 그들은 최고의 인생을 산 것이라고 나는 생각한다.

경쟁하지 않는 교육

나는 경쟁 없는 교육이 가능함을 믿는다. 하나님께서 아이들을 이 세상에 보내실 때, 각자를 위한 독특한 길을 예비하셨다고 믿기 때문이다. 우리는 그것을 신뢰하며 경쟁을 부추기는 세상에 속지 말고 저항해야 한다.

하나님이 만드신 에덴동산에는 경쟁이 없었다. 누구나 굶주리지 않고 필요한 것을 누릴 수 있었다. 하나님께서는 세상을 그렇게 만드셨다. 그런데 죄가 들어오면서 이 세상은 약육강식의 세계로 바뀌었다. 강한 자가 승자가 되어서 독식하는 구조로 변형되었다. 그래서 경쟁에 이기는 자만이 살아남을 것이라는 생각이 우리를 사로잡는다.

특히 전쟁을 경험했던 한국 사회는 전쟁에 대한 불안감을 다음세대인 우리에게까지 전이시켰다. 그래서 '경쟁에서 지면 안 된다. 빨리 뛰어야지, 천천히 뛰다가는 폭탄에 맞는다'라는 생각이 뿌리 깊이 박혀있다. '빨리 빨리' 문화의 배후에는 빨리 뛰지 않으면 도태되고, 생존 경쟁에서 밀려나거나 손해를 입는다는 두려움이 자리 잡고 있다.

하지만 이런 세상 가운데도 사랑과 은혜의 법을 따라 사는 사람에게 함께하시는 하나님의 돌보심과 인도하심이 있다. 좁은 길을 선택하면 망할 것 같은데, 막상 믿음으로 그 길로 가다 보면 예기치 않은 놀라운 삶을 경험한다. 남들이 가보지 않은 새로운 영역을 개척할 수 있으며, 특별한 은혜와 아름다운 결과를 만난다.

마찬가지로 경쟁하지 않으면 낙오자, 실패자로 전락할 것 같은데 그렇지 않다. 오히려 남들이 주목하지 못했던 블루오션(blue ocean, 경쟁자가 없는 유망한 시장)을 만날 수 있다.

나는 인도네시아에 경쟁하지 않는 학교를 만들고자 노력한다. 우리 학교에서는 학생들이 여러 과목을 스스로 공부한다. 교재가 안내자가 되어 학생들이 교재를 따라간다. 학생들이 스스로 하루 공부할 목표를 정해서 공부한다. 선생님은 학생들이 목표를 잘 설정할 수 있도록 공부 도우미 역할을 할 뿐이다.

학년 구분도 의미가 없고, 모든 학생이 한 교실에서 공부한다. 성적표에는 학생의 진도와 진보 상황만 기록하고, 등수는 기록하지 않는다. 우리 학교의 학생 중에는 열악한 환경에서 분투하는 현지인 목회자 가정의 아이, 어려운 가정 여건에서 자란 아이, 다른 학교에서 어려운 시간을 보낸 아이도 있다. 그런 학생들이 우리 학교에 들어와 1년 정도 지나면 얼굴이 밝아지고, 부모 및 친구 관계에 긍정적인 변화를 보인다.

우리가 학교를 시작하기 전에 첫째와 둘째는 자카르타에 있는 싱가포르계 국제학교에서 공부했다. 인도네시아에 들어올 때 아는 장로님의 도움을 통해서 그 학교 이사장님으로부터 장학 혜택을 약속받을 수 있었다.

그래서 정식으로 대학교가 세워져서 이주하기 전까지 아이들을 그 학교에 보내기로 했다. 우리 팀의 다른 선교사님 가정의 네 아이들도 각자 다른 학교에 다녔다.

그러다 자카르타에서 이 여섯 명의 아이들을 데리고 학교를 시작했다. 사실 이것은 모험이었다. 아이들이 잘 받아들이고 적응할 자신이 없었지만 하나님이 우리 공동체의 자녀들을 위해 갖고 계시는 계획을 신뢰하며 용기를 내었다.

첫째 아이는 처음 2년간 불만이 많았다. 자기는 스스로 공부하는 시스템에 잘 맞지 않는다는 것이었다. 같은 나이의 친구도 없이 작은 학교에서 공부하는 것을 불편해했다. 하지만 지금은 학교에 대해 감사하는 마음을 갖고 있다.

얼마 전 새로 전학 온 친구에게 학교의 장점에 대해 열심히 설명하는 것을 보면서 보람을 느꼈다. 아이가 아직 완전히 이해할 수는 없겠지만 언젠가 하나님께서 이 작은 학교에서 얼마나 아름다운 시간을 보내게 하셨는지 고백할 때가 올 것이다.

경쟁 관계가 학생들을 더 높은 성취로 이끌 것 같지만 실제로는 그렇지 않다. 나는 학력고사 세대인데, 학력고사에서 전국 일등을 한 아이도 대학에서는 열등감에 시달리는 것을 보았다. 우리 안에 건강한 자존감이 자리 잡지 않으면 경쟁 체제 속에서는 일등부터 꼴등까지 전부 열등감의 희생양이 될 수 있다.

학생들이 평안히 공부에 집중하고, 최선의 노력을 기울이는 것은 경쟁이나 강요로 되지 않는다. 하나님께서 자신에게 주신 잠재적 능력을 확인하고, 작은 성공 속에서 그것을 어떻게 발전시킬지를 깨달으면, 아이가 확신을 가지고 전심전력을 다해 달려가게 된다. 그럴 때 아이들은 성공적인 삶의 길을 발견한다.

누군가는 '이런 교육을 받은 학생들이 결국 좋은 대학에 가지 못하면 어떻게 하나?'라며 걱정할지도 모르겠다. 한국의 부모들은 한국식 줄 세우기, 즉 성적순으로 뽑는 제도에 익숙해서 세계 유수의 대학들이 어떻게 인재를 뽑는지에 대한 이해가 부족하다. 뒤에서 설명하겠지만, 해외 대학을 고려한다면 좋은 고등학교에서 좋은 내신 등급을 유지하는 것이 최선의 길이 아닐 수 있다.

사회생활에 있어서도 경쟁 체제에서 시달린 아이보다 자신의 영역을 개척하며 자신감을 길러온 아이가 더 성공적으로 적응할 수 있다. 왜냐하면 자존감이 높은 사람은 외부의 압력이나 위기에도 돌아가거나 주저하기보다 돌파를 결정하고 꾸준히 전진할 수 있는 용기를 갖기 때문이다.

자녀들이 우리에게 익숙하지 않은 길을 선택할 수 있도록 격려해줄 필요가 있다. 나는 하나님께 아이들의 미래를 내어맡겼을 때 그들을 훨씬 더 강하게 만들어주심을 배웠다. 그래서 나는 우리 아이들에게 말한다.

"애들아, 너희들이 어떤 영역을 잘하지 못한다고 주눅 들지 마. 하나님이 예비하신 정말 아름다운 길이 있단다. 천천히 가고, 조금 돌아가도 괜찮아. 길이 없는 게 아니야. 막힌 길 뒤에 다른 길을 예비하신 하나님을 보게 된단다. 오히려 진짜 네 길을 찾아갈 수 있도록 그분께서 지금 네가 가려는 길을 막으신 것일 수 있어."

자녀에게 최고를 주고자 하는 마음

우리는 처음 자녀를 품을 때 무한한 책임감을 느낀다. 그래서 세세한 부분까지 미리 챙겨주어야 한다고 생각한다. 분유는 어떤 것

나는 하나님께 아이들의 미래를 내어맡겼을 때
그들을 훨씬 더 강하게 만들어주심을 배웠다.

을 먹일지, 기저귀는 어떤 제품을 사용할지 고르고 또 고른다. 아이가 선호 브랜드를 갖지 않기에 결국 부모가 가진 원칙과 경제 상황에 맞춰서 유아용품을 선택한다.

이때가 아이를 통한 대리만족의 시간이기도 하다. 대부분의 부모들이 자신은 경제적으로 풍요하지 못한 어린 시절을 보냈다고 생각해서 자신의 아이는 보다 나은 환경을 누리게 해주겠다는 마음으로 최선의 것을 선택한다. 그래서 부모가 원하는 것을 아이가 필요로 하는 최선으로 인식한다.

내가 미국에서 공부하던 때였다. 여름에 한국을 방문하기 전에 캘리포니아에 가서 큰아이에게 놀이공원을 경험시켜주고 싶었다. 거기서 돌고래 쇼를 보여주려는데, 아이가 무대 옆의 무섭게 생긴 목상(木像)을 보고는 갑자기 들어가기 싫다면서 울기 시작했다. 쇼를 보여주고 싶은 마음에 달래보았으나 아이는 막무가내로 울면서 들어가지 않으려고 했다.

결국 아내만 들여보내고 나와 아이는 밖에서 기다렸다. 나는 화가 났다. 아이에게 좋은 것을 주기 위해 애를 쓰는데 아이가 그것을 몰라주고 누릴 줄 모르는 것이 속상했다.

이처럼 부모가 볼 때는 최선이지만 정작 아이가 받아들이지 않는 경우가 있다. 그래서 부모와 아이 사이에 긴장이 생긴다. 먼저 살아본 입장에서 최선이라고 생각하는 것을 아이에게 퍼부어주고 싶어하지만 아이는 그것을 감사할 것으로 인지하지 못한다.

부모는 아이를 위해 최선을 다하고 있다고 생각하며 노력하지만, 아이가 원하는 것이기보다는 부모의 열심을 통한 자기만족인 경우가 많다. 그리고 자신이 어려서 누리지 못한 것을 아이에게 부어주는 대리만족일 수 있다. 또는 바쁜 부모로서 아이와 충분한 시간을 함께해주지 못한 것에 대한 보상심리일 수도 있다. 좋은 것을 많이 베풀어서 나중에라도 자녀의 원망을 듣지 않겠다는 자기보호일 수도 있다.

이런 경우에 자녀에게 투자한 만큼의 결과가 나오지 않고, 자녀가 감사하지 않는다고 느끼면 부모는 큰 실망과 배신감을 느낀다. 그래서 최선을 다해 육아를 하는 것이 내 열심과 자기만족은 아닌지 돌아볼 필요가 있다.

때로는 신앙이 좋은 부모일수록 자녀를 영적 우등생을 만들려고 애쓰는 경우가 많다. 이 경우 자녀의 신앙의 모습이 자신의 영적 자존감과 맞물리기 쉽다. 나도 자녀에게 안 좋은 영향을 끼치지 않으려고 무던히 애쓰면서 신앙적인 조기 교육을 위해 노력했다.

어려서부터 신앙을 심어주려고 애쓰는 것은 매우 중요하다. 성경도 그것을 강조한다. 단 부모의 조바심이나 불안감에서 나오는 것이 아니어야 좋은 열매로 이어진다. 그래야 자녀가 더디 가며 제자리 걸음을 하는 것처럼 보이더라도, 때로는 방황하더라도 여유와 인내를 가지고 기다려줄 수 있다. 하나님께서 우리에게 그렇게 해주셨듯이….

편안함과 안락함에 대해

성공의 정의가 인생의 편안함과 안락함인 사람들이 많다. 그런 삶이 교회 안에서도 자랑거리와 부러움이 되곤 한다. 이것이 부모의 목표가 될 때 아이들에게도 이런 삶을 물려주는 것이 교육의 목표가 된다. 하지만 우리의 인생에 결코 편안한 시기만 있을 수는 없다. 하나님께서 인도하시는 삶의 여정에는 반드시 고난의 광야가 찾아온다.

몽골 생활을 마치고 안식년으로 미국 애틀랜타에서 살 때였다. 처음에는 환경이 너무 좋아져서 행복해하던 아이들이 6개월 정도 지나니까 불평하기 시작했다. 하루는 예배를 드리고 나서 내가 아이들에게 말했다.

"얘들아, 아빠가 정말 너희들한테 바라는 게 뭔지 아니?"

"뭔데요?"

"너희들이 하나님을 알기 때문에 때로는 희생하지 않아도 되지만 희생을 택할 줄 알고, 양보할 줄도 알고, 주님을 위해 좁은 길을 마다하지 않고 갈 줄 안다면 더 바랄 게 없겠다."

이건 내 허세가 아니고 진심이었다.

전쟁을 경험한 우리 부모님 세대는 고생에 대한 불안감이 내재되어 있다. 그래서 편안한 삶이 자랑으로 여겨진다. 25평 아파트에서 살다가 33평으로 옮기거나 소나타를 타다 벤츠로 바꾸는 게 자랑할 만한 일로 꼽힌다. 한국 사회를 지배하는 전통적인 최고의 복은 '만수무강'으로 표현되는데, 이것은 편안한 삶이 오래 지속되는 것을 뜻한다.

또한 '만사형통'의 복도 같은 범주에 속한다. 우리는 이것을 자칫 성경적인 복으로 이해한다. "무슨 일을 만나든지 만사형통하리라"라는 찬송가 가사가 있다 보니 만사형통을 하나님 믿는 사람에게 나타나는 일반적인 복으로 여기며 그것을 구한다.

하지만 원래 찬송가의 영어 가사는 "폭풍 가운데, 환란 가운데서도 내 영혼은 평안을 누린다(my soul is well)"는 뜻으로, 모든 일이 잘 풀린다는 것과는 전혀 다르다.

입시생들은 대학교 진학을 앞두고 안정된 직업과 연결된 학과를 가장 선호한다. 인기 학과, 남들이 많이 찾는 학과가 좋은 학과라고 생각한다. 그런데 인기 학과에 합격해서 경제적으로 좀 더 편안한 삶을 얻으면 행복할까?

자녀들이 어려움을 당하지 않도록 보호하며 '하나님, 모든 고난은 제가 질 테니 자식들만큼은 고난 없이 편안한 길을 가게 해주세요.' 라고 기도하는 부모들이 있다.

자녀를 사랑하는 마음은 정말 귀하다. 하지만 하나님께서 자녀를 고난 가운데 어떻게 연단하시고 성숙시키는가에 대한 이해는 없다. 하나님께서는 부모가 자녀에게 갖는 것보다 더 큰 계획을 갖고 계신다. 그 계획 가운데에는 자녀를 위한 광야학교가 포함된다.

그래서 부모의 기도에도 불구하고 강한 연단의 손길이 자녀의 삶에 임하는 것을 많이 본다. 그것이 하나님의 사랑이다. 광야를 통해 자녀가 하나님을 경험하면 삶의 목표가 바뀐다. 자녀가 변하고 거듭나는 것이 하나님께서 주실 수 있는 최상의 복이다.

한번은 담임목회자 청빙을 앞둔 교회의 장로님에게 여쭤보았다.

"공부 잘하고 어려움 없이 자랐던 목회자와 공부는 못했지만 고생을 많이 하면서 인생의 아픔 가운데 긍휼의 마음을 품게 된 목회자 중에서 누구를 택하고 싶으세요?"

대답은 당연히 후자였다. 내가 다시 물었다.

"장로님은 사업을 하면서 직원을 뽑을 때 학력이 높고 좋은 대학 나온 사람을 선호하시나요, 아니면 가정형편이 어려워서 좋은 대학을 나오지는 못했지만 성실하고 인격적으로 성숙한 사람을 원하시나요?"

역시 답은 후자였다.

올 여름, 어느 대학부 수련회 강사로 오신 권호 목사님의 간증을 들은 적이 있다. 그는 가난한 청년 시기를 보냈다고 한다. 한때 방화동 근처에서 사과 장사를 하며 학비를 벌기도 했다. 후에 그 동네에 있는 한 교회에서의 청빙 과정 중에 그 지역에서 사과 장사를 하던 시절의 간증이 교인들의 마음을 움직여서 담임목회자로 청빙될 수 있었다고 했다.

우리는 고생하고 어려움을 겪어본 사람을 우리의 리더로 원한다. 그럼에도 불구하고 우리의 자녀는 편한 길을 걷게 하고 싶은 마음을 갖고 있다. 우리의 관점에 문제가 있는 것은 아닐까?

우리의 인생 가운데 광야의 때와 가나안 정복의 때가 번갈아 찾아온다. 하나님께서 자녀들에게 재정으로 훈련을 시키며 광야의 길을 가게 하실 때가 있다.

부모의 마음은 미어지고 힘들지만 그럴 때 재정으로 도우면 오히려 그 훈련이 끝나지 않고 일이 꼬인다. 광야의 때에 자녀들이 소멸하지 않고 거듭나기 위해서라도 자녀가 하나님나라의 가치관 안에서 성장하도록 도와야 한다.

장점과 단점

하나님께서 사람을 만드시며 저마다 고유한 특징을 주셨다. 그 중에는 장점으로 여길 수도, 단점으로 여길 수도 있는 특징이 있다.

한번은 유기성 목사님과 목소리 톤에 대한 이야기를 나눈 적이 있다. 내가 설교할 때의 목소리나 톤이 전형적인 설교자와 많이 다른데도 하나님께서 들어서 써주시는 것이 신기하다고 말을 꺼냈다. 나는 목소리도 작고 조곤조곤 말하는 스타일이기에 일반 목회자와 많이 다르다고 생각했던 것이다. 또 말도 느리고 어눌해서 매력적인 설교자는 아닌 것 같았다.

그러고 보면 유 목사님의 목소리도 나와 비슷한 점이 많은 것 같다는 이야기로 연결되었다. 유 목사님은 신학교 때 강하게 설교하지 못하고, 사투리가 섞인 말투 때문에 열등감이 생겨 스트레스를 많이 받았다는 말씀을 해주셨다. 그래서 목소리를 바꿔달라고 기도한 적도 있었다고 한다.

그러던 어느 날, 하나님께서 '나는 네 약한 것을 들어 사용하겠다'라는 말씀을 주셨고, 그 후로 목소리 때문에 힘들어하지 않게 되셨다고 한다. 하나님은 실제로 그 목소리를 통해 많은 영혼을 치유해주셨다.

우리의 약점도 하나님의 손을 거치면 아름답게 사용될 수 있다.

우리의 시각이 바뀌면 자녀를 바라보면서 약점이라고 여겼던 것이 장점으로 바뀌는 것을 경험하게 될 것이다.

PART 3

미래, 내어드림

9장

최선의 선택

금수저, 흙수저?

지난 몇 년 사이에 한국 사회에서 "금수저, 흙수저"라는 표현이 많이 사용되고 있다. 이것은 내가 아주 싫어하는 말이다. 하나님을 믿는 자녀는 태생적으로 금수저이다. 하나님의 로열 패밀리이기 때문이다. 그러나 사명으로 인해서 흙수저로 사는 삶을 거쳐야 할 때도 있는데, 그런 상황 가운데에서도 기쁨과 평안을 누리는 법을 배워야 한다.

특별히 이 용어는 성공의 기회가 부모의 지위나 경제적 능력에 의해 뒷받침된다는 의미에서 통용되기 시작한 것으로 보인다. 물론 성공의 자리, 인기가 많은 자리에 들어가기 위해 경쟁하는 과정에서 부모의 지위나 경제적 지원이 도움이 될 수 있다. 그러나 젊어서 고생할 각오와 집을 떠나서 모험할 생각이 있다면 여전히 많은 블루오션이 남아있다.

다음은 하버드대의 한 입학사정관과 대화한 내용이다.

"우리는 대학 지원서에 아버지가 장관이라든지 할아버지가 고위 관직에 있었다는 내용이 담겨있으면 그 학생에 대해 부정적인 평가를 내립니다. 자기에 대해서 쓸 내용이 별로 없다는 뜻이거든요. 그래서 가족의 후광에 기대려는 학생에게는 관심이 없습니다."

어떤 선교사님이 말했다.

"나는 선교지에 가서 고생해도 되는데, 애들이 제대로 못 배우고 교육의 기회를 놓치면 어쩌죠?"

실제로 이런 불안감으로 선교사 가정들이 교육적 혜택이 있는 대도시에 머물며 외곽이나 최전방 사역으로 깊숙이 들어가지 못하는 경우가 많다. 그런데 과연 선교사의 자녀는 부모의 헌신 때문에 교육의 기회를 박탈당할까?

하버드대 사정관이 한 이야기가 있다.

"우리는 자신이 처한 어려운 환경을 극복해본 경험이 있는 학생에게 관심이 있습니다. 그 과정을 통해 그의 잠재력을 엿볼 수 있기 때문입니다."

미국 명문대일수록 학생의 가능성을 높이 평가하는 경향이 있다. 그래서 편안한 환경에서 부모의 도움을 받으며 자란 학생보다는 어려운 환경에서 학업을 해나간 학생에게 가산점을 준다. 그래서 미국의 명문대에 자녀를 입학시키려면 제3세계의 어려운 환경에서 자녀를 키우는 것이 오히려 좋을 수도 있다. 선교사 자녀들이 미국 대학에 지원할 때 합격하는 예가 많은 이유이다.

한번은 중국과 인도네시아 선교사 수련회에서 메시지를 전하면서 선교사들과 현지 교민들에게 선교지가 그들의 자녀에게 최고의 환경임을 인정하고 감사하라고 했다. 선교사들 중에는 교육 문제로 자녀들에게 미안해하는 이들이 많다. 하지만 그것이 자녀들에게 부모가 하나님을 섬기기 때문에 자신들이 피해를 보게 되었다는 부정적인 인식을 심어줄 수 있다.

실은 최전방 사역지에서도 자녀에게 좋은 교육이 가능하고, 오히려 한국이나 대도시에서 교육하는 것보다 더 우수한 인재들을 키워낼 수 있다. 우리 팀은 현지에서 자녀의 교육 필요를 보고 직접 소규모 학교를 시작했다. 그러면서 나는 아이들에게 함께 역사를 만들어가는 주인공이 되자는 메시지를 전했다.

실제로 각국의 지도자들이나 특별한 업적을 이룬 사람들의 배경을 분석해보면 도시가 아닌 변두리, 혹은 시골에서 자란 사람들이 많다. 어렸을 때 어렵고 험한 환경을 경험한 아이들이 성공할 가능성이 상대적으로 훨씬 높다.

선교사 자녀들이 좋은 학교를 졸업하고 세상에서 부러움을 받는 자리로 나아가는 경우들을 많이 본다. 물론 그들의 미래를 돌보시는 신실한 하나님의 은혜이기도 하지만, 세상의 교육 시스템을 통해서도 그들이 어떤 원리에서 좋은 길로 인도함을 받는지를 설명할 수 있다.

해외에 거주하지만 머잖아 한국에 들어가게 될 주재원 가정의 경우, 아이들에게 영어로 교육시키기를 원하면서도 한국의 대학 입시를 준비하느라 우왕좌왕한다. 그런 아이들이 오히려 최상의 길을 찾지 못하는 경우가 많은데, 그 이유는 아이러니하게도 그 가정의 재정적 능력이 어느 정도는 되기 때문이다.

한 예로 자녀를 한국 대학에 보낼 만큼은 되지만 미국 대학에 보낼 정도의 경제력이 없는 경우, 대부분 한국 대학에 맞춰서 아이를 준비시킨다. 반면 선교사들은 어차피 재정적인 능력이 안 되기에 모험하는 셈 치고 미국 대학의 문을 두드린다.

그러다 보면 장학 혜택이 많은 미국 명문대에 들어가 장학금을 받으며 공부하는 경우도 많이 생긴다. 선교사 자녀로서 어려운 환경에서 어린 시절을 보낸 것이 복이 된 경우라 할 수 있다.

물론 자녀를 좋은 대학에 보내는 것이 자녀 교육의 최고의 목표가 되어서는 안 된다. 또한 자녀가 좋은 대학을 졸업하는 것이 부모의 최고의 보상으로 여겨져서도 안 될 것이다. 그럼에도 하나님께서 신실하게 그분을 신뢰하며 따르는 사람들을 실망시키지 않으시고 자녀를 통해서 갚아주심을 교육의 현장에서 자주 목격한다.

국가 공인 교육에 대해

우리는 공교육, 즉 국가가 공인하는 학력을 지나치게 신봉하는 경향이 있다. 한국 교회의 가장 큰 문제는 사회를 선도하기는커녕 사회가 가자는 대로 따라가는 것이다.

국가에서 "잘살아보세"라고 하자 교회에서도 같이 잘살자고 했고, "둘만 낳아 잘 기르자"라고 하자 교회에서도 아이를 많이 낳으면 힘드니까 둘만 낳아 기르자고 했다. 하나님께서 무엇을 원하시는지 묻지 않고, 그저 사회의 트렌드를 따라가기에 급급했다.

동양은 교육에 있어서 국가 인증을 중시하는 전통이 있다. 이런 전통이 교회가 교육을 전담하기보다는 국가에 일임하게 만들었다. 근대 유럽에서 민족 국가들이 생겨나면서 근대식 교육 제도가 도입되었고, 국가가 차세대 시민을 양성하기 위해 공립 교육 기관들을 세우기 시작했다.

공립 교육의 목표는 국가와 사회에 봉사하는 시민을 양성하는 것이다. 이 목표를 이루기 위해 학교는 '규율'과 '통제'와 '경쟁'이라는 원리로 돌아가게 되었다.

미셸 푸코(Michel Foucault)가 말한 것처럼 근대 사회를 유지하기 위해 국가가 만든 세 가지 기관이 있는데 군대와 학교와 감옥이 그것이다. 이 세 가지는 모두 규율과 통제를 통해 시민들을 특정 방향으로 몰아가기 위해 세워졌다. 그래서 그 안에 들어온 구성원을 줄 세우고 경쟁을 부추기며 한 방향으로 몰아서 통제한다.

하나님께서는 자녀를 양육할 수 있는 권리를 부모에게 주셨다. 교육의 첫 번째 기관은 가정이고, 두 번째는 교회다. 옛날 서구 전통에서는 교회가 학교를 운영했다. 교회학교가 결국은 일반학교가 되었다.

그래서 미국의 유명한 사립대학들은 대부분 목회자를 양성하기 위한 신학교로 시작되었다. 하버드, 예일, 프린스턴이 대표적인 예다. 미국 대각성 운동이라는 큰 부흥의 결과로 소위 '아이비리그'가 형성되었다. 교회가 부흥할 때, 학교 교육이 가장 왕성했다.

미국 근대 교육의 아버지라 불리는 존 듀이(John Dewey)와 그의 제자들은 반기독교적인 성향을 가지고 있었고, 교육에서 종교적인 영향력을 지우려고 노력했다. 그들에 의해 미국 근대 교육의 기초가 세워졌다. 그들은 소위 가치중립적인 교육을 강조하며 탈종교, 세속교육을 근간으로 삼았다.

무언가를 빠뜨리고 가르치지 않는다는 것은 하나의 메시지를 분명하게 학생들에게 전달하는 것이다. 가르치지 않는 내용은 중요하지 않으며 기억할 필요가 없다고. 피교육자는 자연스럽게 종교란 없어도 사는 데 지장이 없다는 인식을 갖게 된다.

하나님께서 자녀 교육을 일임하신 가정과 교회가 자녀 교육을 포기하고 그 영광스러운 책임을 국가와 사설 기관에게 위탁하고 말았다. 교육의 권리를 국가에 넘긴 것이 한국 교회와 서구 교회가 쇠퇴하는 중요한 원인이 되었다.

특히 한국에서는 과거제도를 통해 국가 관리를 선발해온 전통 때문에 "교육은 국가가 인증해주어야만 효력을 가진다"라는 관념이 강하다. 그래서 국가가 인정하는 교육 기관에 아이들을 보내야만 안심을 하고, 자연스럽게 국가 중심의 교육 정책을 의심 없이 지지하며 따른다.

무엇보다 가정에서 자녀들의 신앙교육을 책임져야 함에도 교회학교에 다 맡겨버렸다. 하지만 교회학교는 아이들의 신앙을 책임지고 지도할 능력이 없다. 월요일부터 토요일까지는 세상 미디어의 홍수에 노출돼 세속적인 가치관을 배우다가 일주일에 한 시간 잠깐 만나기 때문이다. 그나마 그 정도도 고등학생이 되면 잠깐 쉬라는 부모들이 있다. 이들은 나중에 땅을 치고 후회하게 된다.

이런 부모가 아이들에게 주는 확실한 메시지가 있다.

"세상에서의 성공이 1순위이고, 신앙은 그 다음이다."

아이들은 그때부터 교회에서는 형식적인 생활을 하고, 세상에서의 성공에 가치를 둔다. 물론 잠시라도 교회생활을 했기에 나중에 하나님의 은혜로 다시 돌아올 수도 있겠지만, 중고등학교 때에 교회를 멀리하면 대학교에 가서 신앙생활을 유지하기가 쉽지 않다.

한편, 유대 전통에 기반한 랍비 중심의 교육은 현재 우리에게 익숙한 교육 방식과 대비된다. 유대인들은 나라를 잃은 2천 년 동안 그들의 민족 정체성을 지켜냈는데, 그것은 토라 중심의 성서 교육으로 인해 가능했다.

이 교육은 공동체의 종교 지도자인 랍비에 의해 진행된다. 이 학교는 소규모이기에 개인별로 단계에 맞춰서 가르치는 것이 가능하다. 대부분 질문과 대화를 통해서 수업이 진행된다. 수업의 중요한 요소는 토라를 암송하는 것이다. 이 단순해 보이는 교육을 통해서 세상에서 가장 창조적인 민족 집단이 만들어졌다.

이제라도 교회가 용기를 갖고 공교육에 전적으로 내주었던 자녀 교육의 권리를 하나씩 되찾아야 한다. 자녀들이 학교에서 세속적인 가치를 접하기 이전부터 하나님나라의 가치가 갖는 우월성을 설명해주어야 한다.

지금 내가 선교지에서 하는 사역 중 하나는, 소규모 성경적 교육기관을 교회가 설립할 수 있도록 격려하고 도와주는 것이다. 이 노력을 통해 자꾸만 잃어버리는 다음세대를 다시 주님께 불러올 소망의 기틀을 만들고자 하는 바람이 있다.

중립적인 교육은 없다

이 세상에 가치중립적인 교육이란 건 없다. 그것은 모든 종교와 가치관으로부터의 중립을 이야기하는 것 같지만 실은 '가치중립'이라는 미명하에 세속주의라는 또 하나의 가치관을 주장하는 것에 불과하다.

가치중립은 '탈종교' 또는 '무신론'이라는 이름의 종교적 주장이며 진화론과 휴머니즘, 상대주의에 기초한 하나의 신념체계이다. 그런 교육 속에서 아이들은 점점 무신론적 가치관의 영향을 받으며 살아갈 가능성이 높다.

자녀들이 너무나 강력한 세속화의 영향권 아래 있는데 주일학교에 갈 시간도 빼앗아 학교나 학원으로 보낸다면 그들의 영적 성장은 위기에 처할 수밖에 없다.

창조론과 진화론은 각각 신념체계라서 과학적으로 무엇이 맞고 틀린지를 증명할 수 없다. 과학적으로 보면 창조론만이 아니라 진화론도 증명할 수 없는 가설일 뿐이다. 그런데 아이들이 마치 진화론만이 유일한 과학적 설명인 것처럼 배우도록 노출되어 있다.

더구나 한국 교육이 모델로 삼아 많은 영향을 받고 있는 미국 교육의 경우에 주도권이 자유주의로 넘어간 지 오래되었다. 그래서 교육에서 탈종교, 세속화 경향이 해마다 점점 강해지고 있다. 심지어

초·중·고등학교 성교육 시간에 건강한 동성섹스에 대해 가르치도록 규정하는 주(州)마저 있을 정도이다.

이런 교육 분위기에서는 자녀들이 고등학교 때까지는 그럭저럭 교회 안에 머물러 있지만 대학에 가면 신앙을 잃어버리기 쉽다. 하나의 예를 들겠다. 보통 주립대 교수들은 굉장히 자유주의적(liberal)이다. 대학교 1학년 때 반드시 들어야 할 필수과목인 작문(expository composition) 교수가 학생들에게 '인생에서 가장 중요했던 사건'에 대해서 쓰라는 숙제를 냈다.

한 학생이 '내가 하나님을 처음 만났을 때'라는 제목으로 글을 써서 냈다. 그러자 그 교수가 학생을 불러서 말했다.

"그런 구식 사고를 하지 말고, 네가 프리 섹스(free sex)하는 장면을 연상하면서 창의적이고 새로운 이야기를 써봐라."

교회에서 자란 아이들은 그 속에서 강한 갈등을 경험한다. 게다가 미국 대학의 경우 1학년 때 기숙사에서 굉장히 문란한 생활을 경험한다. 그 흐름에 휩싸이면 죄책감 때문에 교회를 멀리할 수많은 이유들을 대면서 신앙생활과 담을 쌓는다.

이것은 비단 미국 대학만의 문제가 아니다. 우리 부모 세대는 대한민국의 경제 성장과 성공 신화를 보면서 하나님을 경험했다. 그런데 자녀 세대는 오히려 그 풍요로 말미암아 하나님 따르기를 어려워하고 있다.

적어도 내가 대학에 다닐 때는 학교에서 하나님을 만날 기회가 많았다. 그런데 지금은 대학교 안에서 아이들을 잃어버릴 가능성이 너무나 높다. 한국의 대학도 미국 대학의 자유주의 신조를 무분별하게 수용하고 있기 때문이다.

미국과 한국에서 교회에 다녔던 학생들 가운데 80퍼센트 정도가 대학 졸업 즈음에는 아예 교회에 나가지 않거나 교회에 나가더라도 신앙과 무관한 세속적인 가치관을 가지고 살아간다고 한다.

미국에서 집회를 하면 미국에 간 지 30-40년이 되어 의사나 변호사로 일하면서 부촌(富村)의 교회를 섬기는 장로님들을 많이 만난다. 그들이 내 손을 잡으며 안타까운 이야기를 한다.

"선교사님, 내 마음에 한(恨)이 하나 있습니다. 애들을 잘 키우려고 미국에 왔고, 아이들이 좋은 대학을 나와서 의사고 변호사인데 교회에 나오지 않습니다. 손자, 손녀도 교회에 나오지 않는 것을 생각하면 가슴이 미어집니다."

이것은 남의 이야기가 아니다. 특히 해외에서 사는 가정의 경우에 자녀들이 부모의 품을 떠나 먼 지역(또는 먼 나라)의 대학에 가면 부모의 영향이 더 이상 자녀에게 미치지 못한다. 일 년에 한두 번 만나기도 쉽지 않고, 전화로만 아이들의 신앙적인 문제를 다루기에는 한계가 있기 때문이다.

아이들이 어릴 때는 부모가 사회의 밑바닥에서 자리 잡느라 바빠서 같이 시간을 보내지 못하고, 사춘기가 되면 아이들이 문을 걸어 잠근다. 또 대학 입시 준비로 바빠져서 부모와 대화할 시간을 갖지 못한다. 그러다 부모가 경제적, 사회적으로 비교적 안정을 갖는 시기에는 자녀들이 부모 곁을 떠난다.

자녀들을 신앙 안에서 집중적으로 양육할 수 있는 시간은 6-7년 정도다. 자녀의 신앙과 부모와 관계를 결정하는 중요한 시기이다. 이 귀한 시기를 공부하라는 잔소리로 낭비하다 끝내버린다면 얼마나 큰 손실인가?

그래서 어느 정도 지각이 있는 미국 크리스천 부모들은 자녀들이 대학에 합격하면 바로 입학시키지 않고 1년 정도 YWAM(Youth with a Mission) 등의 청년 선교단체 훈련 프로그램에 보낸다. 거기서 신앙훈련이나 공동체 훈련을 시킨 후에 대학에 가게 한다. 자기들이 이미 대학 때 넘어져 본 경험이 있기 때문이다.

우리가 집에서 부지런히 아이들에게 성경 이야기를 들려주고, 복음 안에서 사는 삶을 보여주지 않으면, 자녀들이 구체적으로 하나님을 경험하기는 쉽지 않다.

나는 정규 교육을 전면 부정하려는 의도는 없다. 정규 교육을 시키지 말라는 게 아니라 크리스천 부모로서 그 교육 목표의 맹점이 뭔지 잘 알아야 한다는 것이다. 우리는 어려서부터 "학교에 가서 선생님 말씀을 잘 들어라. 그러면 성공한다"라고 배웠다. 그런데 우리가 아이들을 방치하는 사이에 그들은 우리와 전혀 다른 세계관과 가치관을 형성하면서 자라고 있다. 그래서 정규 교육에 자녀를 위탁할 경우에는 그 위험을 인식하며 어떻게 보완할지 치열하게 고민해야 한다.

주류와 비주류

어떤 학교를 선택하고 어떤 방식으로 자녀를 교육할 것인가는 믿음의 선택의 문제다. 그래서 하나님께 기도하는 가운데 결정해야 한다. 물론 기도한다고 바로 우리 앞에 완벽하게 잘 짜인 길이 보이는 것은 아니다. 보이지 않는 길 가운데 믿음의 선택을 해야 할 때가 많다.

한국 부모들은 자녀가 주류 사회의 중심에서 당당하게 사는 것에 대한 갈망이 크다. 그 흐름 가운데 끼지 않으면 아이의 삶에 손해가 갈지 모른다는 두려움이 있다. 특히 자녀들이 비주류로 분류되는 학교에 다니는 것을 용납하기 어려워한다. 자녀들이 정규 학교 교육에 적응하지 못해야만 비로소 대안학교를 찾는다.

그러나 하나님나라에는 주류와 비주류의 구분이 없다. 하나님을

중요한 것은 학생이 보여주는 가능성 또는
한 분야에서 보여준 탁월함이다.

믿는다면 어떤 면에서는 비주류로 분류되는 삶도 기꺼이 받아들일 수 있어야 한다고 나는 믿는다. 하나님나라의 시각에서는 얼마든지 다른 길과 선택이 자녀들 앞에 놓여있다.

부모는 자녀 교육에 있어 정규 일반학교를 보낼지 기독대안학교를 보낼지, 학원 교육을 시킬지 사교육 없이 자녀를 교육할지 등 다양한 선택지 앞에 설 때가 많다. 이때 두려움에 끌려 다니지 말고 소신과 원칙을 갖기를 바란다.

어떤 선택을 했다가도 다른 학부모가 "세상 물정을 몰라서 그래"라고 한마디 던지면 마음이 흔들린다. 혹시 자신의 선택 때문에 아이가 진로에 불이익을 받을지 모른다는 두려움 때문이다. 그래서 누군가 그 두려움을 자극하면 결정을 번복하기도 한다. 결국 두려움 때문에 하는 선택은 실패를 경험하기 쉽고, 또 잘된다 해도 두고두고 자녀의 원망을 들을 수 있다.

엄마가 잘 모르는 것이 꼭 아이한테 손해가 되는 건 아니다. 내 어머니는 중학교밖에 나오지 않아서 대학 진학에 대해 아는 게 별로 없으셨다. 그렇다고 해서 자녀들이 자신의 진로를 찾는 데 큰 어려움을 겪지 않았다.

또 내가 미국 대학에 대해 잘 안다고 해서 내 자녀들이 모두 최선의 길을 선택하도록 도와주지 못할 수도 있다. 과연 자녀의 일생을 두고 '최선'의 선택이 있을까?

네 자녀를 키우다 보니 저마다 재능과 성격이 다르고 부모와도 다름을 발견한다. 그래서 내 경험만 가지고 내가 갔던 길을 자녀들에게 제시하는 것이 맞지 않을 수 있다. 아이들 각자를 위한 특별한 환경과 부르심이 기다리고 있다. 부모의 역할은 기도 가운데 하나님의 지혜를 힘입어 그들이 인도하심을 받을 수 있도록 돕는 것뿐이다.

이제 우리 아이들은 더 이상 한국이라는 좁은 울타리에 머무르지 않을 것이다. 또 통일 한국의 모습은 지금과 많이 다를 것이다. 우리가 살아온 세대의 가치관, 즉 지속되는 경제 성장 속에서 좀 더 빨리 기회를 잡아 더 좋고 안정적인 직장과 지위를 얻으면 평생이 보장되던 시대가 아니라는 것이다. 그런 패러다임으로 아이들의 미래를 제한하지 않기를 바란다.

자녀들이 일반적으로 알려진 길이 아닌 다른 길을 선택하려 한다면 부모로서 지지하며 격려하는 용기를 내보라.

시험지상주의

한국의 교육 정서에서 찾아볼 수 있는 또 다른 중요한 특징이 '시험지상주의'이다. 시험이 가장 공평한 제도라는 인식을 갖고 있다. 이는 국가에서 시행하는 시험을 통해 관리를 뽑던 과거제도에서 생겨났다. 그래서 국가 공인 시험이 가장 공정한 게임의 룰이라고 생각하는 경향이 강하다.

시험을 잘 보는 능력은 인간이 갖고 있는 수많은 능력 중에 굉장히 작은 부분이다. 그럼에도 시험에 대한 신빙성을 너무 많이 부여한 나머지 시험 성적이 아이들의 능력에 대한 유일한 평가 기준이 된다. 우리 사회의 대다수는 여기에 목을 매고 사람을 일등부터 꼴등까지 줄 세울 수 있다고 여긴다. 그러다 보니 시험 성적에 일희일비하면서 어린 시절을 보내게 된다.

결과적으로 대부분의 학생들이 과정에는 관심이 없고 점수에만 관심을 갖는다. 편법과 정실(情實)이 작용하는 사회이기에 시험을 통한 경쟁이 가장 공정한 평가 방법으로 인식된다. 따라서 시험에 통과해야 공무원이 되거나 진급을 할 수 있다.

이것은 한국에서만 통용되는 특수한 인재채용 방식이다. 시험을 통해 인재를 선발하는 것은 다른 나라에서는 매우 낯선 방법이다. 다른 나라에서는 사람의 능력을 평가하는 방식이 우리와 다르다.

예를 들어, 영미 문화권에서는 추천서, 자기소개서, 인터뷰 결과가 그 어떤 시험 성적보다 우선한다. 하나님께서는 우리를 저마다 다르게 만드셨다. 기준이 바뀌면 굉장히 다양한 관점에서 아이들의 능력을 평가할 수 있다.

대부분의 한국 부모들은 다른 나라의 대학 입학 사정도 한국과 동일한 기준을 가질 것이라고 생각한다. 그래서 자녀의 성적이 반에서 중간 정도면 외국에 있는 좋은 대학을 가는 것이 불가능할 거라 단정하고 아예 길을 찾아보지도 않는다.

그러나 하버드대에서 공부하는 사람이 다 시험의 귀재는 아니다. 한 예로 내가 그곳에서 공부할 때 장한나라는 자매가 '첼리스트 신동'으로 입학했다. 그때 많은 한국 사람들이 신문 기사를 보면서 이렇게 생각했을 것이다.

'장한나는 첼로를 열심히 하면서 공부는 또 얼마나 열심히 했기에 하버드까지 갔을까?'

이는 미국 대학에서 인재를 뽑는 메커니즘을 이해하지 못하는 데서 오는 오해다. 나는 하버드에서 박사과정 공부를 하면서 티칭 펠로우 자격으로 1년간 학부 학생을 가르칠 기회가 있었다. 그러려면 학생들을 처음 가르치는 교수진을 대상으로 개학 전 일주일간 열리는 강사 트레이닝 세미나에 참석해야 했다.

당시 한 강사가 1학년생들을 대상으로 강의할 때 눈높이를 어디에 맞춰야 할지를 두고 이렇게 말했다.

"여러분, 하버드대에 들어온 학생이라고 해서 모든 과목에서 다 준비가 되어있으리라고 착각하지 마십시오. 수학의 경우, 여러분의 지도를 받는 학생들이 미적분을 배우지 못하고 대학에 들어왔을 수도 있습니다.

우리는 세계 각지에서 각각 다른 커리큘럼을 가지고 공부한 학생들을 받습니다. 그들이 얼마나 많이 배웠는가, 얼마나 많이 아는가를 가지고 선발하지 않습니다. 어떤 가능성을 가지고 있고, 무엇을 이룰 수 있는가에 주목해서 뽑습니다."

즉, 하버드대에서 신입생을 선발할 때 학생들의 지식 축적의 정도는 중요하지 않다는 것이다. 어차피 대학교에서 4년간 공부하면서 많은 지식을 쌓을 것이기 때문이다. 중요한 것은 학생이 보여주는 가능성 또는 한 분야에서 보여준 탁월함이다. 그가 말을 이었다.

"의외로 학생들의 기초 실력이 부족하다고 해서 당황하지 마십시오. 학생들이 기본기가 탄탄할 것이라고 단정하여 강의 계획을 잡으면 안 됩니다. 가장 기초부터 시작해서 단계적으로 지도하십시오. 장담하건대 여러분의 학생들은 빠르게 실력이 향상되어, 한 학기가 끝날 즈음이면 놀라운 진보를 보일 겁니다."

실제로 다른 강사의 말을 들으니 하버드의 경우 기초 수학 수업부터 시작해 보통 2주 정도면 미적분 진도를 마친다고 한다. 보통 중고등학교에서 몇 달간 배울 내용을 그 기간에 정리해주는 것이다. 따라서 중고등학교 때 얼마나 공부를 많이 했는가는 그다지 문제가 되지 않는다.

나는 한국 대학에서는 중국사를 전공했다. 하나님께서 인도해주신 길을 따라가느라 이슬람 역사로 전공을 바꾸어서 미국 대학 박사과정에 지원했다. 나는 한국식으로 생각했기에 좋은 대학교에서 받아주지 않을 거라고 짐작해서 걱정을 많이 했다. 그런데 결과적으로 하버드대에서 내게 합격통지서를 주었다.

나는 이 분야에서 공부할 준비가 전혀 되어있지 않았지만 하버드의 교수와 입학 사정팀은 한 분야에서 주목할 성과를 낸 사람이라면 다른 분야에서도 따라올 수 있을 거라고 평가해주었던 것이다.

미국 대학에서는 내가 얼마나 그 분야에 대해 알고 있는가를 보지 않고 오히려 두 분야를 섭렵해서 더 좋은 연구를 할 수 있으리라는 잠재력을 보았다. 지식을 쌓는 것은 박사과정에 들어와서 해도 늦지 않다고 본 것이다. 이슬람사를 전공하려는 다른 지원자들과 다른 배경을 가진 것이 오히려 내 경쟁력이 되었다.

한국을 비롯한 아시아권 대학들은 시험을 통해 학생들을 선발한다. 학생이 얼마나 많은 공부를 했는지가 중요하다고 보고, 모든 과목에서 골고루 좋은 성적을 낸 사람을 위주로 선발한다.

하지만 미국 대학은 각기 다른 커리큘럼으로 공부한 다양한 학생들을 뽑는다. 홈스쿨로 집에서 공부한 학생들도 선발한다. 얼마나 잘 배웠는가에 초점을 맞추기보다는 그가 두각을 보이는 재능이나 장점에 주목한다.

이미 한 분야를 뛰어나게 잘해서 성장을 보였으면 다른 분야도 아직 접해보지 않았을 뿐, 가르치면 잘하게 될 것이라는 신뢰를 가지고 학생의 미래에 투자한다.

이것은 '진짜 공부는 대학에서 하는 것'이라는 인식에 기반한다. 반면에 몇 해 전에 내가 읽은 신문 기사에 따르면, 한국의 수능 시험에서 기초과목이 쉬워지자 서울대 교수들이 학생들의 수학 기초 능력이 떨어져서 가르치기 어렵다고 불평했다고 한다. 이를 통해 대학교육에 대한 미국과 한국의 입장이 매우 다름을 재확인했다.

10장

성적보다 중요한 것

대학 진학은 과정일 뿐이다

자녀의 학교 교육에 있어서 안정감을 가지고 편안하게 반응하라고 하면 많은 부모들이 이렇게 질문할 것이다.

"그러면 우리 아이의 대학 문제는 어떻게 해야 하나요?"

우리는 교육의 목표를 너무 단편적으로 잡는 경향이 있다. 대학이 교육의 한 과정이 되어야지, 그것이 목표가 되면 자녀와 부모가 모두 불행해진다. 대학 진학은 삶의 목표가 되기에는 너무 하찮은 것이다. 한국 사회 속에 갇혀있다 보니 그 문제가 크게 보일 뿐이다.

자녀의 대학 진학이 중요하긴 하지만 너무 몰두할 필요는 없다. 그것이 아이들의 인생을 결정해주지 않는다. 내가 경험한 바에 따르면, 미국에서 공부하는 아시아권 아이들이 갖는 몇 가지 문제가 있었다.

SAT(미국의 대학 입학 자격 시험)는 열심히 공부를 해서 따라오는데 다른 창의적인 사고를 훈련하지 않아서 경쟁력이 없다. 에세이를 쓰게 하면 아시아권 아이들과 미국 아이들의 수준 차이가 엄청나다. 거의 고등학생과 박사과정 학생만큼의 차이라고나 할까.

하버드대의 경우, 아시아권 학생들이 성적이 잘 나오지 않아서 힘들어하거나 중퇴하는 경우를 종종 볼 수 있다. 아시아권 학생들의 명문대 진학률은 다른 인종에 비해 월등히 높은 데 비해 졸업률은 상대적으로 낮다.

극성 부모를 둔 동양권 학생들은 고등학교까지는 과외를 통해 선행학습을 하고, 학원에서 SAT를 준비하며, 학점을 잘 관리하도록 지도를 받아서 우수한 성적을 만들어 명문대에 입학한다. 그런데 거기까지일 뿐이다.

동양권 학생들의 다수가 글쓰기, 창조적 사고, 토론 등에서 서구권 학생들에게 확연히 밀린다. 지식 습득과 암기에 의존해서 공부의 재미를 못 느끼며 반복적인 학습을 해온 학생들은 어려운 과제 앞에 좌절하고 방황하며 돌파하지 못하는 경우가 많다.

이들은 대학에 들어오기 전에 다양한 경험을 하지 못하고 실패도 경험해보지 못한 채 온실 속에서 자랐기에 한 번의 좌절로 깊은 나락에 떨어진다. 그래서 학교를 중퇴하거나 자살 충동을 느끼고 각종 유혹에 노출되기도 한다.

그런가 하면 졸업 이후에 사회의 지도층 인사로 성장하는 아시아권 학생들의 비율도 현저히 낮다. 고등학교 학습에 필요한 능력과 사회생활에서 필요한 자질 사이에 괴리가 크기 때문이다.

한국이라는 울타리를 벗어나면 좋은 대학에 입학하는 것이 직업적 성공을 보장해주지 않는다. 부모는 자녀가 대학 진학이라는 좁은 목표보다는 그 이후에 성공적인 삶을 살 수 있도록 폭 넓은 소양과 자질을 갖추게끔 해줄 필요가 있다.

미국에서 함께 유학했던 친구들과 만나서 대화하던 중에 이런 이야기가 나왔다.

"졸업 후에 잘되는 건 성적순이 아닌 것 같다."

졸업하고 10여 년쯤 지나 다들 어떻게 자리 잡았나 살펴보니 성적대로 좋은 자리를 찾아가는 게 아님을 확실히 알 수 있었다. 오히려 모든 과목에서 A를 받던 이들의 삶이 그다지 행복하지 못한 경우도 많았다. 성적보다 중요한 것은 실력이고 능력이기 때문이다.

능력의 의미

우리는 무엇을 자녀의 능력으로 여기는가? 한국적 교육에서는 자녀의 능력을 '지능'으로 단순화해서 판단하는 경향이 있다. 시험 성적이 아이를 평가하는 중요한 기준이 되다 보니 암기력이 특히 강조된다.

하나님께서는 우리에게 좋은 능력을 다양하게 주셨다. 우리가 하나님을 만나고 그분의 은혜를 누리게 되면 그것이 빛을 발한다. 하나님의 관점에서 보면 우리에게 주어진 것 가운데 버릴 것이 없다. 단지 그것을 유용한 것으로 어떻게 계발할 수 있을지 모를 뿐이다.

몽골국제대학교의 초대 총장을 역임하신 원동연 박사님은 '5차원 전면교육'으로 교계와 교육계에 잘 알려졌다. 원 박사님은 다섯 가지 능력, 즉 지력, 체력, 심력, 영력, 관계성의 능력을 골고루 계발하는 교육을 주창했다.

또한 교육 현장에서 가르침을 저해하는 다섯 가지 원인으로 마음의 틀(심력), 몸의 틀(체력), 지성의 틀(지력), 자신을 관리하는 틀(자기관리 능력), 인간관계의 틀(인간관계 능력)을 든다. 이런 인성의 전면적인 요소를 회복시키고 조화롭게 발전시키는 것이 중요함을 강조한다.

교육의 현장에 있으면서 이 분의 혜안(慧眼)에 크게 공감한다. 이런 능력은 단순한 과외 지도를 통해 계발되지 않는다. 학생들이 실력을 키우고 사회와 가정에서 어려움을 극복하며 쓸모있는 사람이 되기 위해서는 다양한 능력의 조화로운 발전이 필요하다.

나는 교육 현장에 몸담고 있으면서 지적 능력 외에 학생들의 진학과 성공적인 인생을 위해 중요한 여러 가지 능력이 있음을 본다. 이것은 학원에 다니며 선행학습을 한다고 생기지 않는다.

부모의 이해를 돕기 위해 그런 다양한 몇 가지 능력에 대해 얘기해보려고 한다. 이것을 다루는 이유는, 자녀가 이 모든 능력을 갖추도록 양육하라는 뜻이 아니다. 자녀의 모든 영역을 골고루 계발시켜주려는 것도 욕심일지 모른다. 부모가 원하는 만큼 따라올 수 없는 자녀들도 있을 것이다.

각자가 타고난 것이 다르기에 획일적인 기준에 맞춰서 한 가지 능력만을 키우려 하기보다는 자녀가 가진 장점을 잘 파악해서 그것들을 북돋워줄 필요가 있다.

체력

나는 미국 대학에서 공부하면서 체력의 중요성을 절감했다. 한국에서 공부하던 시절에는 누구도 내게 그것에 대해 말해주지 않았다. 체력 연마는 시간이 남아야 할 수 있는 일이라고 생각했기에 공부나 지적 추구에 비해 우선순위에서 늘 밀렸다.

그런데 미국에서 공부하다 보니 며칠간 집중적으로 에너지를 쏟아부어 작업하거나 공부해야 할 때가 생겼다. 미국 학생들은 필요할 때 며칠씩 밤을 샐 수 있는 체력이 있었다. 그러나 한국 학생 중에는 버틸 만한 체력을 가진 이들이 거의 없었다. 이것이 단기 성과에 큰 차이를 가져왔다.

호주의 고등학생들은 대부분 놀면서 여유있게 지낸다고 한다.

반면에 대학에 들어가서는 집중력을 가지고 공부에 깊이 몰두한다. 중고등학교 시절에 스포츠를 통해 단련한 신체적 능력이 이때 빛을 발하는 것이다. 그래서 자녀들의 성장기에 자세를 바로 잡아주고, 근육 발달을 도와서 기초체력을 쌓도록 해주는 것이 필요하다. 그것이 평생을 사는 중요한 자산이 되기 때문이다.

미국 유학을 마치고 서울대 교수로 임용된 지 1년 만에 심장마비로 세상을 떠난 사람이 있었다. 차라리 졸업을 몇 해 늦추더라도 몸을 돌보고 건강을 관리하며 여유있게 살았더라면 더 좋았을 것이다.

영적 능력

앞에서도 말했듯이 중고등학교 시절에 학생들이 믿음을 갖는 것은 복이다. 그런 아이들은 스스로 바른 길을 가려고 노력한다. 비록 잘못된 선택을 한다 해도 회개하고 돌이킨다. 또한 문제가 생겼을 때 정면 돌파하는 능력을 발휘한다.

우리 학교 학생들의 경우, 수련회에서 은혜를 받은 후에 학교에서 다시 만나면 눈빛과 태도가 달라진 것을 볼 수 있다. 언어 사용이 부드러워지고 표정이 밝아진다. 부모와 관계에서 생겼던 벽이 조금씩 무너지면서 대화가 열리며 회복되는 경우도 있다.

하나님을 만나고 믿음이 자란 학생들은 공부에도 두각을 나타낸다. 물론 모두가 그런 건 아니지만 적어도 자신 안에 있는 재능을

꽃 피우고 성장시키고자 하는 열정이 자라난다.

공감 능력과 관계성

정서적으로 안정된 학생은 관계성이 발달한다. 상대방의 마음을 공감해주는 능력이 뛰어나기 때문이다. 상대를 이해한다는 것은 상대에게 영향을 끼치고 이끌어가는 능력이 있음을 의미한다.

우리 학교에 처음으로 가난한 현지인 목회자 가정의 자녀들이 들어왔을 때 우리 학생들이 그들을 챙겨주고 돌봐주는 것을 보았다. 학생들이 관계적으로 성장했다는 증거였다.

또한 아빠와 친밀감이 형성된 아이와 그렇지 않은 아이는 대인관계 능력에서 큰 차이를 보인다. 사실 아이들이 사회에서 맺게 될 중요한 관계는 친구관계보다는 상하관계이다.

사회의 모든 조직은 상하관계로 구성된다. 자신에게 직접적으로 큰 영향을 미치는 존재는 직장 상사나 윗사람이다. 그래서 아빠와 친밀감을 형성하지 못하면 성인 남성, 특히 자기보다 나이가 많은 사람들과 관계를 맺는 데 어려움을 보인다.

처음에는 윗사람에게 잘 보이려고 굉장히 애를 쓴다. 집에서와 다르게 잘 꾸민 모습으로 상대를 대하려 노력한다. 그런데 어느 순간부터인가 관계가 틀어져 상대가 나를 배려하지 않는 것 같다고 느끼면 실망이 쌓인다. 그러다 어느 순간에 폭발하고 만다. 비슷한 패턴의 문제들이 반복되어도 본인은 이유를 모른 채 상처를 받았다고만 한다.

한국 사회는 아빠와 아이들을 분리시킨다. 아빠가 퇴근하고 집에 오면 아이는 학원으로 간다. 대화가 단절되어 아빠의 신앙이 전수되기 어렵다. 이런 구조적인 문제를 어떻게든 노력해서 돌파해야 한다. 나도 외부 집회가 많다 보니 아이들과 있을 시간이 적다. 그래서 '어떻게 하면 아이들과 강력하고, 효과가 있고, 질 좋은 시간(quality time)을 가질 수 있을까?'를 계속 고민하고 있다.

스토리텔링, 설득력, 그리고 글쓰기 능력

유대인들은 세계에서 탁월하고 창의적인 민족으로 알려져 있다. 특히 그들 가운데 노벨상 수상자, 세계적인 갑부, 유명한 학자와 예술가가 많다. 그 이유에 대해서 많은 사람들이 분석하는 책을 썼다.

보통 유대 민족의 아이큐가 높아서 성공의 가능성이 높다고 생각한다. 실제로 그들이 다른 민족에 비해 아이큐가 다소 높다고 한다. 그러나 그들보다 높은 아이큐를 가진 민족도 분명 존재한다. 특히 동아시아계에서 많이 찾아볼 수 있다. 그러나 그들이 유대인만큼 두각을 나타내는 건 아니다.

유대인 교육을 연구하는 학자들은 그들의 가장 중요한 성공의 자산을 '스토리텔링 파워'라고 보았다. 유대인들은 이야기를 정말 잘한다. 자기만의 독특한 이야기로 상대방을 설득한다. 이 스토리텔링 파워는 결국 어려서부터 부모에게 배웠던 경전 이야기에서 비롯되었다고 한다.

그들은 민족 안에 수많은 이야기를 갖고 있고, 그것을 자녀에게 대를 이어 전승해준다. 그들은 어려서부터 수많은 믿음의 사람들의 이야기를 반복해서 듣는다. 믿음과 신앙의 스토리가 이야기를 통해 전수된다.

그 스토리가 내재된 아이들은 자연스럽게 그에 근거하여 자기 스토리를 만들어간다. 자기만의 독특한 삶의 이야기를 가진 이들은 사람을 끄는 매력이 있다. 그리고 그의 말에 설득력이 있다.

내가 하버드대에서 가르치기 전에 일주일 정도 교원들을 위한 연수를 받을 때 한 강사가 질문했다.

"여러분, 하버드대, 더 나아가서 미국 대학 교육의 목표가 뭔지 아십니까?"

당시 여러 나라에서 온 예비 교수진들이 여러 답변을 내놓았다. 사회의 지도자를 만들기 위해, 전문인을 만들기 위해 등 다양한 대답이 나왔으나 강사가 원하는 답이 아니었다. 그가 내놓은 답을 듣고, 나는 좀 놀랐다.

"설득력 있는 사람(persuasive person)을 만드는 겁니다."

대답을 이해하려면 추가 설명이 필요했다. 강사는 말을 이었다.

"학부 졸업이 졸업논문으로 마무리되는 이유는 졸업하기 위해서는 한 주제에 대해 기존 연구를 활용하여 자신의 주장이나 생각이 기존 연구나 견해보다 더 정확하고 타당하며 유효하다는 것을 다른 사람들에게 설득하는 능력이 있는지 확인하기 위함입니다.

법을 전공한 사람은 법조문과 사례로 자신의 주장이 진실에 더 가깝다는 것을 설득하는 훈련을 받습니다. 경영학을 전공한 사람은 프레젠테이션 기술과 통계 자료와 사례와 이론으로 자신의 아이디어가 더 뛰어남을 설득하는 훈련을 하는 것입니다.

이때 요구되는 것이 글쓰기 능력이며 이것이 대학 입학 심사의 중요한 기준이 됩니다. 그래서 학생들이 입학하자마자 반드시 수강해야 할 필수 과목이 대학 작문(expository writing)이며 제일 마지막 과정이 졸업논문 제출입니다."

미국 초등학교에서 대학교까지 강조하는 것이 글쓰기와 토론 능력이다. 그래서 설득력 있는 학생이 높은 학점을 받는다. 결국 글을 깊이 있게 분석적으로 많이 읽고, 그것을 자신만의 관점으로 정리해서 자기 주장을 펼칠 수 있으면 능력 있는 학생으로 평가된다.

그래서 미국 대학에서 성패를 좌우하는 것은 '얼마나 많이 배우고 공부했는가'가 아니라 '얼마나 창의적이며 논리적으로 생각하고 표현하는 능력을 갖추었는가'가 된다. 이는 미국 사회에서 성공하려면 이런 능력을 갖춰야 한다는 말이기도 하다.

고등학교까지 과외지도를 받아서 대학에 들어온 동양권 학생들이 직면하는 도전이 여기에서 발생한다. 그래서 과외공부를 하기보다는 오히려 책을 많이 읽는 것이 대학생활을 위한 좋은 준비가 된다. 영어로 많은 책을 읽어낼 수 있는 학생은 자연스럽게 SAT 고득점을 받을 수 있을 것이다. 자녀가 어려서부터 독서를 많이 할 수 있도록 도와주는 것이 대학에서의 학업을 준비하는 데 도움이 된다.

글쓰기 능력은 단순히 어학실력의 문제가 아니라 사고의 깊이의 문제다. 내가 미국 대학에서 가르쳐보니 탁월한 글쓰기 능력을 가진 학생들의 부모가 교수인 경우가 많았다. 아마도 집에 아이가 읽을 책이 많기 때문이 아닐까 싶었다.

자녀가 부모와 나누는 대화의 깊이가 자녀의 학업 능력에 영향을 미친다. 특히 아버지와 나누는 대화가 자녀의 지적 성장에 중요하다고 한다. 아버지와 대화를 많이 하는 아이는 그렇지 않은 아이에 비해 더 많은 지적 자극을 받는다. 아버지가 쓰는 어휘는 어머니의 어휘와 다르고, 그 수준도 다르기 때문이다.

일반적으로 엄마와 대화할 때 사용하는 어휘는 기껏해야 1천 단어 내외라고 한다. 그런데 아버지와 대화할 때는 3천 단어가 넘는다고 한다. 그래서 아이들이 아버지와 대화할 때 언어능력 면에서 더 많은 자극을 받는다고 한다.

또한 사회에서 경험을 쌓으면서 다양한 문제를 파악하고 해결해 본 경험이 있는 아빠와 대화하는 것이 자녀의 사고에 다양한 자극을 줄 수 있다. 물론 그러기 위해서는 아빠가 시간을 내서 아이와 친해지는 것이 필요하다.

창의력과 문제 해결 능력

최근 실리콘밸리에 있는 세계적인 IT기업에 인도 출신의 CEO가 많다고 한다. 이 이유를 분석하는 논문이나 기사가 나오고 있는데, 그들의 융합 능력이 뛰어난 것이 주된 요인이라고 한다. 이들은 아시아권에 살지만 영어로 배우고 사고해왔다. 동양과 서양을 동시에 경험한 것이다. 또 매우 어려운 환경 속에서 살았기에 문제 해결의 다양한 방식을 경험했다.

정해진 하나의 길에 익숙한 사람에게는 답이 하나다. 그런데 그 답으로는 상대를 납득시키기 어렵다. 복잡한 상황에서 문제를 풀어가는 솔루션이 인도 사람들에게선 굉장히 창의적으로 나온다고 한다. 이 때문에 인도가 지금 CEO 수출국이 되고 있다. 인도의 어렵고 힘든 삶이 특별한 인재 그룹을 만들어내는 것이다.

동연이가 몽골 선교사자녀 학교에 다닐 때 같은 반에 수현이라는 아이가 있었다. 교회나 학교에서 노래하고 발표하기를 좋아하던 아이로 기억한다. 그 아이의 부모님은 몽골 선교사였는데 후원이 넉넉하지 않고, 비자 문제도 안정적이지 않았다.

그래서 수현이와 오빠는 한동안 학교에 가지 못했던 것 같다. 한 달에 150~200불 정도였던 학비가 부담이었는지 몽골 생활 초기에는 홈스쿨을 했다고 한다. 아이들은 주로 집에 있었고, 부모와 떨어져 지내는 시간도 길었다.

나중에 그 남매를 TV 오디션 프로그램에서 보게 되었다. 이들은 '악동 뮤지션'이라는 이름으로 출연해 큰 파장을 일으켰다. 이 아이들이 대중음악의 영역에서 탁월한 천재성을 드러낼 수 있었던 이유는 심심한 시간이 있었기 때문이다.

그들은 아빠의 기타를 가지고 혼자 연습하며 노래를 만들고 유튜브에 올리면서 주목을 받기 시작했다고 한다. 그러다가 가수로 정식 데뷔까지 하게 된 것이다. 그들의 창의성이 드러나기 위해서는 몽골에서의 무료한 시간이 필요했다. 그들의 능력은 정규 교육의 틀에 묶이지 않았기에 계발될 수 있었다. 많은 경우, 창의성은 심심해야 나온다.

내 경우도 마찬가지였다. 첫 책을 쓸 때도 무료함 가운데 '오늘 뭐하지? 글이나 한번 써볼까?' 하면서 인터넷에 썼던 글들이 모여 첫 책의 초고가 되었다.

우리의 머리와 일상이 비워지고 무료할 때 우리는 내면에서 열정을 갖게 만드는 어떤 것에 집중하여 용감하게 일을 저지를 수 있다.

그래서 나는 삶의 한 부분을 떼어서 아무것도 안 하는 시간으로 만들려고 애쓴다.

뇌가 집중적으로 자극 받는 시간도 필요하지만 단순한 삶 가운데 주기적으로 뇌를 비우고 쉬게 하는 것도 필요하다. 하나님께서 우리에게 안식일을 허락하신 이유는 그 쉼의 때를 거쳐야 창조적인 시기가 뒤를 잇기 때문이다.

학생들의 뇌에 학원 공부와 과외 공부로 과부하가 걸리면 요구되는 기능을 수행하는 것 이상의 새로운 상상은 하지 못한다. 반면, 심심해지면 아이들이 새로운 놀이를 찾으며 상상력을 동원한다.

그래서 너무 정교한 장난감을 사용하는 것보다는 자연에서 아이들이 놀잇감을 찾고 만들어보는 것이 창의성 계발과 정서 순화에 더 좋다. 그리고 TV나 영화 시청보다는 책 읽어주는 소리를 듣거나 라디오를 들을 때 더 창조적으로 뇌가 활동한다.

우리 학교에 자녀를 보내기 위해 자카르타에서 우리 캠퍼스 인근으로 이사 온 가정이 있다. 이 아이가 우리 학교에 와서 달라진 점이 있다고 한다. 전에는 주위 친구들의 장난감들을 보며 사달라고 졸랐는데 학교를 옮기고부터는 그것이 없어졌다고 한다. 친구들이 비싼 것을 가지고 있지도 않지만, 아이들이 더 순박하고 단순해서 가진 것을 자랑하는 경우가 없기 때문이 아닐까 싶다.

어느 날, 한국 아이들과 인도네시아 아이들이 교실에서 신발 던

하나님께서 우리에게 안식일을 허락하신 이유는
그 쉼의 때를 거쳐야 창조적인 시기가 뒤를 잇기 때문이다.

지기 놀이를 하더라는 이야기를 전해 들었다. 현대인은 심심함을 가장 큰 적으로 생각한다. 그런데 실제로 심심함과 단순함이 창의력을 계발하는 발화점이다.

내가 학교 사역의 무거운 책임을 맡으면서 리더는 열심히, 많이 일하는 것보다 바른 방향을 찾는 데 에너지를 집중해야 한다는 것을 배웠다. 그러기 위해서는 너무 바쁘거나 소소한 일에 에너지를 다 써버리면 안 된다. 일과 업무에는 에너지의 60퍼센트만 사용하고, 여유를 갖고 틈틈이 쉬는 시간을 확보하여 호흡을 고르는 것이 중요하다.

더불어 가장 창조적인 생각과 특별한 영감은 주로 묵상과 기도 시간에 얻게 된다. 기도를 통해 내 생각을 비우는 것이 하나님의 영감과 생각을 초청하는 좋은 방법이 됨을 경험한다.

스마트기기와 미디어의 폐해

과외와 더불어 자녀들의 창조성을 죽이는 것이 전자기기들이다. 그 중에서도 스마트폰은 아이들의 창조성을 말살시키는 주범이다. 스마트폰을 사용하거나 컴퓨터 게임을 하면 뇌의 후두엽, 즉 즉각적이고 즉흥적인 행위를 관장하는 부위가 발달한다.

반면에 학습이나 인내, 논리적 사고, 창조적 활동을 관장하는 부위인 전두엽은 주로 책을 읽거나 대화하고 공부할 때 자극된다. 후두엽이 필요 이상으로 자극되면 아이들의 학습 능력이나 사고력, 인내력, 창의적 사고 능력이 성장하지 못하고 후퇴한다.

엄마가 좀 편하자고 어린아이에게 안겨준 스마트폰이 아이들의 뇌 발달이나 창의력 계발에 악영향을 끼칠 수 있다. 더 편하고 재미있는 환경을 만들어주는 것이 오히려 아이들의 미래를 어둡게 할 수 있다.

'나는 어렸을 때 누리지 못했지만 자녀들은 마음껏 누리게 해주겠다'라는 보상심리로 신제품이 나올 때마다 휴대폰을 바꿔주고 있지는 않은지 생각해봐야 한다.

물론 오늘날 아이들에게서 스마트폰을 빼앗는 것은 부모들에게 너무나 힘겨운 작업이 될 것이다. 그럼에도 자녀들이 스마트폰이나 미디어에 과다노출되지 않도록 지도하고 격려하며 나아가는 것이 이 시대 부모들의 중요한 숙제라고 하겠다.

11장

다름을 중시하는 교육

국제형 인재를 원하는 대학

한국의 많은 학부모들은 한국의 명문대에 자녀를 보내기 위해 많은 비용과 에너지를 투자하며 아이들을 학원으로 내몬다. 좋은 대학을 보내는 것이 자녀 교육의 최선의 목표라고 보는 경향이 강하다. 그런데 그것이 자녀의 미래를 위한 최선의 방법인지 한 번쯤은 깊이 생각해볼 필요가 있다.

알고 보면 자녀를 위한 길은 정말 다양하다는 것을 설명하기 위해 이 장에서는 외국 대학으로의 진학의 예를 몇 가지 살펴보고자 한다.

외국 대학에서 원하는 인재상은 한국 대학에서 원하는 인재상과 다를 수 있다. 일단 내게 익숙한 미국 명문대의 입시 전형 오리엔테이션이 한국 대학의 그것과 어떻게 다른지 설명하고자 한다. 미국 명문대에서 어떤 인재를 원하는지 설명하기 위해 《떠남》에서 소개한 적이 있는 한 선교사 자녀 이야기를 다시 옮겨본다.

몽골국제대학교와 협력 사역을 했던 한 미국 선교사님이 있었다. 미국에서 칼텍이라는 명문대를 졸업하고 선교사로 독일, 터키, 중국, 카자흐스탄에서 사역하다가 몽골에 온 분이었다.

그는 정해진 후원도 없이 현지에서 벌어서 생활비를 조달하며 사역했다. 그러다 보니 현지인 수준의 적은 월급을 받아서 현지 수준에 맞춰 살아야 했다. 방 두 칸짜리 나무집에서 온 가족이 살며 9명의 자녀들을 정규 학교에 보낼 수 없어서 홈스쿨링을 했다. 자녀들은 자기 방을 가져본 적이 없을 뿐더러 혼자서 책을 읽고 교재를 풀면서 공부했다.

그 아이들은 현지 아이들과 잘 어울리며 현지어도 배우고 공부도 열심히 했다. 또한 전도의 열정도 컸다. 내가 몽골을 떠나기 직전에 듣기로는 첫째 딸은 코넬대학, 둘째 아이는 다트머스대학을 졸업했다고 한다. 셋째는 공부에 관심이 없어서 알래스카주립대학을 1년 정도 다니다가 휴학하고 몽골에 와서 전도여행을 다녔다.

넷째인 다니엘은 뉴욕 컬럼비아대학에서 전액장학금(full scholarship)을 받게 됐다. 왕복 비행기값, 생활비, 기숙사비, 용돈으로 매달 700불 정도 나오는 장학금이었다.

이 가정은 재정이 없어서 장학금을 받아야 아이들을 대학에 보낼 수 있었다. 그래서 아이들이 모두 명문대에 지원했다. 명문대가 일반 주립대보다 장학금이 많기 때문이다. 때로는 돈이 없는 것이 더 좋은 기회를 낳을 수 있다.

다니엘이 대학에 입학하기 전에 정착 비용의 일부라도 지원하고 싶어서 동연이의 영어 지도를 몇 차례 부탁했다. 그런데 우리 집에 올 때 몽골 교인들도 신지 않는 너덜너덜한 신을 신고 왔다. 영하 40도까지 내려가는 몽골 날씨에 낡은 신발을 신고 눈길을 지나서 온 것이었다.

게다가 아이의 집이 변두리에 있다 보니 상하수도의 혜택을 받지 못해 자주 씻지 못하고 빨래도 하지 못했다. 그러다 보니 아이에게서 냄새가 많이 났다. 그런데 그 냄새를 맡으면서 오히려 내가 부끄러웠다. 나는 그 아이가 어떻게 대학에 들어갔는지 짐작은 했지만 확인차 물었다.

"다니엘, 네가 컬럼비아대학에 장학금까지 받고 합격한 요인이 무엇인 것 같니? 왜 그 학교에서 널 뽑아준 것 같니?"

"제 SAT 성적은 다른 지원자들과 비교하면 중간 수준을 밑돌아요. 그런데도 저를 뽑아준 건 제 에세이 때문인 것 같아요."

대학에 지원할 당시, 아이와 그 가족은 중국의 신강 위구르 지역에 살고 있었다. 그런데 위구르 폭동이 일어나 중국 공안들이 들이닥치고 모든 통신시설이 차단되었다. 자기 컴퓨터가 없어서 PC방에서 작업을 하고 있는데 경찰이 들어와 통제했다. 그래서 도망을 다니며 원서를 작성하고 프린트할 곳을 찾으며 고생하던 이야기를 에세이로 썼다고 한다. 이런 에세이는 당연히 일반적이고 평범한 에세이들을 수없이 읽느라 지친 입학 사정관의 관심을 끈다. 평범한 삶을 살았던 아이들의 것과 굉장히 다른 경험이어서 주목을 받는다. 감동적으로 그 내용을 기술하는 능력이 있으면 학교에서 뽑고 싶은 지원자로 떠오르게 된다.

미국 대학에서는 독특한 시각으로 자신의 삶에 대해 서술하는 지원자에게 많은 관심을 갖는다. 결국 그런 스토리가 있는 학생들이 졸업 후에 성공할 가능성이 많다는 것을 경험적으로 알기 때문이다. 그 대학이 명문대가 되는 이유는, 괜찮은 학생들을 골라서 잘 받기 때문이다. 한국과 미국은 '괜찮은 학생'의 기준이 많이 다르다.

2년 전에 내가 미국 LA에 집회차 방문했을 때 다니엘의 소식을 듣게 되었다. 그는 곧 졸업을 앞두고 있다고 했다. 홈스쿨링으로 교육받은 다니엘이 좋은 대학에 장학금을 받고 입학할 수 있었던 배경에 대해 다소 의아해할 독자들을 위해 좀 더 풀어 설명하겠다.

다니엘이 중국의 신강에서 공부하는 가난한 미국 학생이라는 독특한 배경이 입학 사정관들의 눈길을 끌었다. 미국인 부모와 함께 여러 나라에서 살았기에 현지의 문화와 언어를 이해할 수 있다는 것도 큰 장점이었다.

미국 대학들은 국제형 인재를 키우고자 커리큘럼을 바꾸기 시작한 지 오래다. 이미 내가 박사과정을 마칠 무렵에 하버드대에서 어마어

마한 재정을 투입하여 노력을 기울였다. 미국 기업은 해외에서 새로이 성장하는 신흥시장에 투자해야 돈을 벌 수 있다는 사실을 깨달았다. 그래서 그 시장에서 활약할 수 있는 인재들을 필요로 했다.

대학 역시 그런 국제적 감각을 갖춘 인재들을 찾기를 원한다. 그래서 현재 경제성장률이 높은 나라에서 살아본 경험이 있고, 그 문화에 대한 이해가 있는 학생이 매력적인 지원자가 된다. 그래서 한국인으로서 타문화권의 경험이 있고, 현지어를 익힌 동시에 영어로 교육을 받은 학생들은 미국 대학이 선호하는 인재상이 될 수 있다.

앞서 말했듯이 주재원 신분으로 외국에 나온 부모들은 자녀를 한국 대학에 보내기 위해 해외에 나와서도 한국식 과외를 시키는 경우가 많다. 한국 대학이 외국 대학에 비해서 더 저렴하다는 이유에서이다.

물론 몇 년 후에 귀국해야 할지 모르는 상황에서 어쩔 수 없는 선택일 수도 있다. 그러나 부모가 자신이 이해하고 가능하다고 보는 범주 안에서만 자녀를 가두는 것이 될 수도 있다.

제3세계에서 대학을 경험하고 미국 대학원에 가는 것도 좋은 방법일 수 있다. 자기만의 좋은 경력을 만들 수 있기 때문이다. 실제로 미국에서 대학원생을 뽑을 때, 전 세계에서 오는 학생이 절반이 넘는다. 그래야 대학이 지속적으로 경쟁력을 유지할 수 있다고 보기 때문이다.

정해진 길이 아니라 남들이 가지 않는 길을 찾아가는 게 자기만의 영역과 세계를 구축하는 데 도움이 될 수 있다. 하지만 이런 모든 결정은 아이의 성격이나 성향에 기반을 두어야 한다.

아이의 성격이 한국 교육에 잘 맞고, 아이가 새로운 외국 환경에 적응하고 경쟁하는 것을 어려워하고, 한국에서 자리 잡고 영향력을 미치면서 사는 것이 낫겠다는 판단이 들면 그에 맞게 한국 교육 속에서 성공하도록 계속 지지하며 지원하는 게 필요하다.

하지만 새로운 곳에서의 도전을 힘들어하지 않고 다른 삶을 살아야 될 아이라는 생각이 들면 기도하면서 다른 가능성들을 찾아보는 것도 나쁘지 않다. 아이의 일생과 대학을 두고 '정해진 가장 좋은 길'이라는 건 없다. 찾아보면 미처 생각지 못한 더 좋은 길을 발견할 수도 있다.

미국 대학에서 학생들을 선발할 때 주관적인 기준이 많이 작용한다. 우리는 객관적인 게 좋은 시스템이라고 생각한다. 한국에서는 입시에 대해서만큼은 가장 객관적이고 공정해야 한다는 기대가 있다. 그래서 시험지상주의가 나온 것이다. 그러나 다른 나라의 대학은 사람의 능력을 획일적으로 한 기준으로만 보는 것에 동의하지 않는다. 더구나 각각의 대학이 원하는 인재상이 다르다.

그래서 어느 해에는 하버드에 합격한 학생이 예일이나 프린스턴에는 불합격될 수 있다. 선발 기준이 다르기 때문이다. 하버드에 들어가면 좋은 학생이고, 그 대학에 떨어져서 스탠퍼드에 가면 2등이라고 말할 수도 없다. 또한 지난해에는 하버드에 입학할 수 있었던 학생이 올해에는 최종 명단에 들지 못하는 경우도 있다.

대학 진학에는 여러 요소가 작용하기에 꼭 노력을 많이 한다고 해서 좋은 결과가 오는 것도 아니다. 그래서 부모와 자녀의 기도와 분별력, 하나님의 이끄심과 인도하심에 대한 믿음과 신뢰가 필요하다.

인간적인 매력 갖추기

미국으로 대학을 보내려는 한국 부모들이 SAT 성적에 지나치게 집착하는 모습을 많이 본다. 마치 한국의 수능시험이나 학력고사 같은 성격으로 생각하는 것 같다. 이것은 싱가포르의 중국계 부모들도 비슷하다. 과거제의 전통을 갖고 있는 동아시아권에서는 시험 점수로 아이의 미래가 좌우될 수 있다는 생각이 일반적이다.

SAT 성적은 한국의 수능과 그 의미와 기능이 다르다. 미국은 워낙 다양한 커리큘럼으로 아이들이 공부를 하기에 어떤 기준점이 필요하다. 그래서 학교 성적도 보지만 SAT로 학업 수준을 검토한다.

예를 들어, 예일대에서 800명의 신입생을 뽑는데 7,000명 정도가 지원을 했다면 초기 라운드에서 2,500명 정도로 걸러낼 것이다. 그러고 나서 본격적으로 지원자 에세이와 다른 영역을 점검한다. 그 첫 단계에서 기본적으로 수학(修學) 능력이 있는지를 학교 성적이나 SAT 성적으로 보는 것이다.

물론 미국의 주립대학들은 학생들의 SAT 성적을 입시의 중요한 평가 기준 중 하나로 고려하는 경향이 있다. 왜냐하면 입학생들의 SAT 성적 평균이 학교의 랭킹 평가에 반영되기 때문이다. 그러나 아이비리그와 같은 최상위권 대학의 입학 사정에서는 그 비중이 낮다.

결국 중요한 기준이 되는 것 중 하나가 에세이다. 앞에서 설명한 다니엘의 경우처럼 천편일률적인 에세이를 읽던 사정관들에게 그의 모험담이 강력한 인상을 심어주었을 것이다. 그의 에세이는 그가 어려운 현실을 어떻게 수용하고 반응하는지에 대한 정보를 제공한다.

미국 명문대의 입학 사정관들은 현재의 성적 이상으로 그 학생의 가능성과 살아온 삶과 태도, 가치관 등을 중시한다. 그래서 자신이 얼마나 매력적인 사람인가를 에세이를 통해 보여줄 필요가 있다.

그리고 골고루 조금씩 잘하는 것보다는 확실히 잘하는 한 가지 영역을 갖는 것이 좋다. 한 가지 특별히 뛰어난 부분을 보면 아직 계발이 되지 않았지만 다른 영역에서도 잘할 수 있을 것이라고 입학 사정관들이 생각하기 때문이다.

미국 대학에서 학생의 인성이나 매력을 보는 이유는 학교 캠퍼스와 기숙사에서 학생들이 서로 자극을 주고 받으며 성장하도록 도와야 한다는 인식이 있기 때문이다. 그래서 긍정적인 영향을 미칠 수 있는 학생인지, 다른 아이들과 잘 어울리며 그들을 끌 만한 매력이 있는지를 본다.

그래서 봉사한 경험이라든가 음악이나 미술, 체육에서 특별한 성취가 있는지 본다. 매력적인(attractive) 아이가 결국 사회에서도 성공할 가능성이 많기 때문이다. 따라서 추천서와 에세이에 그런 덕목들의 힌트가 될 만한 사례를 넣어주는 것이 유리하다.

교수들에게도 매력적이고 색다른 배경을 가진 학생이 필요하다. 한번은 하버드대 동양학 분야의 대가이신 한 교수님이 대학원생들과 환담 시간에 이런 이야기를 했다.

"저와 여러분이 이 학교에서 하는 일을 보면 동일한 점과 차이점이 동시에 있습니다. 동일한 점은 저나 여러분이나 함께 교실에서 배우고 있다는 사실입니다. 차이점은 저는 돈을 받고 배우고, 여러분은 돈을 내고 배운다는 겁니다."

한국에서 선생님을 가르치려고 든다면 굉장히 안 좋은 학생으로 여길 것이다. 그런데 미국 대학에서는 학생들을 선발할 때 '이 아이를 통해 우리가 무엇을 배울 수 있는가'를 본다. 그래서 다양한 문화 경험을 한 학생들에게 입학 사정 시에 가산점을 주기도 한다.

미국 대학은 등록금이 굉장히 비싸다. 그래서 진학을 꿈도 꾸지 못하는 부모들이 많다. 그러나 좋은 대학일수록 장학금 혜택이 많다. 한국에서는 성적 장학금이 많지만 미국은 성적과 연관되기보다는 필요에 의거한다. 학생의 능력을 시험 성적으로만 평가할 수 없다고 보기에 성적을 가지고 상을 주거나 장학금을 주는 경우는 극히 드물다. 따라서 가정형편이 어려운 학생이 일차적 고려 대상이다.

해마다 장학금 예산이 바뀌어서 장학금 기회와 액수에 변동이 있다. 그래서 대학 장학 관계자에게 자주 확인하고 문의하며 자신의 상황을 잘 설명하는 것이 중요하다.

한국에서는 공정성을 이유로 학생이나 부모가 장학금 담당자에게 연락하는 것을 바람직하지 못하다고 생각한다. 하지만 독일에 "권리 위에 잠자는 자는 보호받지 못한다"라는 말이 있다. 지속적으로 자기의 필요를 알리고 도움을 요청하는 것이 장학금 받을 기회를 더 얻는 비결이다.

미국 학생들의 경우, 때로는 장학금을 받기 위해 대학 입학 담당자와 협상(negotiation)을 하기도 한다. 이것은 한국 사람들은 이해하기 어려운 개념이다. 예를 들어서 예일에서 50퍼센트 등록금 면제를 해주겠다는 제안을 받았고, 프린스턴에서는 75퍼센트를 면제해주겠다고 하는데 본인이 예일대에 정말 가고 싶다면 다음과 같이 메일을 보내는 것이다.

"나는 당신네 학교에 가고 싶습니다. 그런데 프린스턴대에선 등록금 면제 혜택을 75퍼센트까지 준다고 하니 다시 고려해줄 수 없겠습니까?"

그러면 그들이 다시 제안을 하는 경우가 많다. 최대 60퍼센트를 해주겠다고 할 수도 있고, 80퍼센트나 100퍼센트를 해준다고 제안할 수도 있다. 이처럼 계속 시도하면 문이 열리는 경우가 있다. 자신의 필요를 확실하게 설명하고 적극적으로 어필하는 게 서구 대학 입학에서는 훨씬 좋은 방법이다.

이처럼 외국 학교는 우리가 잘 모르는 다양한 방식으로 운영된다. 그래서 자신의 경험이나 들은 말에 근거해서 자녀를 지도하는 것이 그들에게 최선이 아닐 수 있다.

하나님께 '저는 자녀의 미래에 대해서 잘 몰라요. 제가 할 수 있는 게 없어요. 주님의 인도하심이 필요해요'라고 솔직하게 고백하며 겸손히 그분의 도우심을 구하는 것이 좋은 자세이지 않을까?

오바마 명문대학 보내기

오바마 대통령의 어머니가 자식을 명문대에 보내기 위해서 사용한 전략이 있다. 그의 어머니는 미국의 대학 입학 사정에 대한 이해가 있었던 것으로 보인다. 그녀는 인도네시아로 시집을 가서 아들을 낳고 키웠다. 그녀의 생각에 그곳의 교육환경이 그다지 좋지 않았던지 아이를 하와이에 있는 친정어머니에게 맡겼다.

당시 사정이 그럴 수밖에 없었겠지만 뉴욕이나 뉴저지 같은 큰 도시로 보내지 않고 하와이에 있는 작은 학교로 보낸 것이 좋은 전략이었던 것 같다.

인도네시아에서 학교에 다니느라 미국 교육에 익숙하지 않았던 오바마가 비교적 경쟁이 적은 시골 학교에서는 적응할 여유가 있었을 것이다. 경쟁이 심한 큰 학교, 좋은 학교로 보냈다면 아이의 적응과 학교 성적 관리에 문제가 생겼을지도 모른다.

오바마는 하와이에서 고등학교를 졸업하고 LA의 옥시덴탈칼리지라는 작은 학교에 지원했다. 거기서 2년 정도 공부하면서 좋은 성적을 만들어 컬럼비아대에 편입했다. 이런 편입 제도를 이용한 것은 매우 좋은 전략이었다. 그는 컬럼비아대에서도 높은 성취를 보여서 하버드 로스쿨에 입학했다. 적응하기에 쉬운 지방의 작은 학교에서 시작한 것이 좋은 결과로 이어졌다. 이처럼 미국의 진학 방식은 우리에게 익숙한 방식과 매우 다르다.

한국에서는 어린 시절에 한 번 삐끗하면 기회가 없어진다고 생각한다. 그리고 처음부터 좋은 학교에서 시작해야 한다고 생각한다. 하지만 미국은 나중에라도 얼마든지 좋은 학업의 기회가 주어진다. 제이, 제삼의 기회가 있다.

다양한 기회

미국 대학만이 가장 좋은 옵션은 아니다. 독일 같은 경우는 전 지방에 국립대학이 잘 발달했고 대학이 평준화되어 다양한 옵션을 두고 대학을 선택할 수 있다. 그래서 좋고 나쁜 대학의 평가가 큰 의미가 없다.

유럽의 많은 국가가 비슷한 제도를 가지고 있는데 국립대학교는 등록금이 거의 없다. 독일에서는 아직 외국인 학생들에게도 등록금을 받지 않는 것으로 알고 있다. 또 학생들은 박물관 등의 입장권이나 대중교통 이용권 등에서 많은 할인 혜택을 받는다. 또한 외국인 학생들은 독일어 랭귀지 코스에서 좋은 성적을 받으면 자기가 원하는 지망학과에 자유롭게 지원해서 갈 수 있다.

그 외에 헝가리, 핀란드 등의 나라를 선호하는 유학생 그룹도 있다. 주로 외국에 거주하는 선교사 자녀들이 최근 많이 진출하는 지역이다. 대학의 수준은 높지만 등록금이 저렴하고 외국인으로서 입학이 비교적 용이한 점이 매력적이다. 어느 정도는 영어로 교육받을 수 있고, 같은 유로 공동체 안에 있기에 유럽 진출의 좋은 교두보가 될 수 있다는 판단에서 지원자가 느는 것 같다.

미국 대학의 경우는 등록금은 비싸지만 졸업 이후에 미국에서 취업할 수 있는 기회가 상대적으로 훨씬 많다. 물론 경제 상황에 따라

달라질 수는 있다. 졸업할 무렵의 경기나 일자리 수요가 어떻게 될지는 아무도 예측할 수 없다.

유럽의 경우, 현지에서 채용되어 영주권을 받기까지의 과정이 미국보다 어렵지만 분야에 따라서 다를 수 있다. 사업이나 취업 등 유럽으로의 진출 기회를 노린다면 유럽에서의 대학 또는 대학원 공부가 좋은 선택이 될 수 있다.

아랍에미리트의 수도 아부다비에는 뉴욕대를 포함해서 다양한 외국계 대학이 유치되어 있다. 이 대학들은 유능한 인재를 유치하기 위해 장학금 외에 생활비를 제공하며 좋은 학생을 선발한다.

무슬림 선교에 관심이 있는 한 선교사 가정이 그쪽으로 아들을 유학 보낸 것을 보았다. 그 학생은 미국 대학에 가는 것보다 무슬림 학생들을 친구 삼고, 그들에게 좋은 영향을 주면 좋겠다고 생각하며 그곳에서 공부하고 있다.

그런가 하면 필리핀, 인도, 싱가포르, 홍콩 등 동남아시아 지역을 고려해보아도 좋겠다. 이 지역에서는 영어로 수업을 진행하기에 다른 언어를 또 배워야 하는 부담이 상대적으로 적다. 더구나 필리핀과 인도의 경우, 학비와 생활비가 저렴하다.

홍콩이나 싱가포르는 중국어를 배우기가 쉽다는 장점이 있다. 학비 면에서도 한국의 대학교 등록금에 비해서 경쟁력이 높다. 싱가포르의 국립대학교는 서울대보다 대학 랭킹이 훨씬 높은 것에 비해 학비는 훨씬 저렴하다. 직접 중국의 대학에 진학하는 것도 좋은 방법이다.

나는 대만에서 크라이스트칼리지를 방문한 적이 있다. 선교사가 세웠다는 그 학교는 영어와 중국어로 학생을 지도하며 신앙 교육을 잘 시키고 있었다. 학비는 한국 대학의 절반 수준이었다. 대만 국립대학교는 국비로 장학금을 주어서 외국인 학생들을 유치하여 영어로 교육하는 프로그램이 잘 발달되어 있다.

요점은 세상은 넓고 밖으로 눈을 돌리면 우리가 미처 생각하지 못했던 다양한 기회를 발견할 수 있다는 것이다. 모험을 두려워하지 않고 편안한 젊은 시절을 포기할 수만 있다면, 우리 자녀들이 공부에 찌들어 신음하는 대신 건강하게 성장하며 다양한 경험을 할 수 있는 길들이 있다. 몇 가지 실례를 소개하겠다.

세계는 넓고 대학과 기회는 많다

인도 최고 명문대로 꼽히는 델리대학교에서 공부하는 한인 대학생 몇 명을 만났다. 이 학교 졸업생들은 전 세계에 퍼져 명문대 대학원에서 공부하거나 교수로 일하고 있다. 내가 그들에게 물었다.

"너는 어떻게 델리대에 오게 됐니?"

"수능시험에 실패해서 원하는 점수를 얻지 못했어요. 그래서 재수를 할까 하다가 좀 더 의미있고 창조적으로 살고 싶다는 생각이 들었어요. 그래서 값싸게 영어로 공부할 수 있는 나라를 찾았어요. 인도는 1년 학비가 50만 원밖에 안 들어요. 한 달 생활비는 30만 원 정도고요. 용돈까지 해서 40만 원 정도면 충분해요. 그래서 부모님께 3년만 지원해달라고 부탁했어요. 인도 대학은 3년제거든요."

"너는 뭘 배우고 있니?"

"인도 철학이요."

"왜 그 전공을 선택했니?"

"인도에 대해 가장 잘 배울 수 있을 것 같아서요. 이 학교에는 이 분야에 좋은 교수님들이 있어요. 저는 앞으로 영화감독이 되고 싶은데, 이 분야에서 생각의 깊이를 더하면 나중에 여러 가지로 도움이 될 것 같아요."

그는 인도 영화 산업이 '발리우드'(Bollywood)라 불리며 전 세계적으로 유명해서 인도식 영화기법을 배우고 싶다고 했다. 그래서 열심히 교회생활도 하고, 인도 생활에 적응하며 새로운 것을 배워나가고 있었다.

앞으로 한국은 매년 2퍼센트 정도의 경제 성장률을 보일 것이다. 새롭게 창업을 하기 어렵고, 돈을 벌기 쉽지 않은 사회가 되어간다는 의미이다. 한국 사회의 출산율이 낮아지면서 더 이상 인구는 늘

지 않은 채 연령 분포가 고령화되고 있다. 우리 아이들은 7퍼센트, 8퍼센트, 9퍼센트 경제 성장 신화를 썼던 시대를 경험하지 못할 것이다. 그러니까 더 경쟁해서 안전하고 좋은 자리를 차지하는 것이 아니라, 전혀 새로운 영역을 개척하는 게 더 큰 유익이 될 것이다.

인도네시아만 해도 매년 6-7퍼센트씩 성장하고 있다. 이는 새로운 사업을 시작한다면 10년 뒤에 자연 성장의 가능성이 매우 크다는 걸 의미한다. 한국에서 같은 노력을 기울여서 얻을 수 있는 것보다 훨씬 큰 성장을 얻을 수 있다.

인도네시아 국립대학교 부설 언어기관에서 1년 동안 인도네시아어를 배우면 외국인 전형으로 대학 입학이 가능하다. 그래서 최근 한국인 학생들이 늘고 있다. 그들은 인도네시아 젊은 인구가 가진 시장의 잠재력을 보고 가는 것이다.

내가 아는 분은 인도의 캘커타대학을 다시 졸업하여 현지 채용으로 한국 기업에 취업했다. 중국 대학을 졸업하고 중국 회사에 취직해서 한국과 중국을 위해 좋은 일을 하는 경우도 많다. 최근에는 한국 기업에 다니는 사람들이 중국 회사에서 근무하는 그들을 부러워한다는 이야기도 들린다. 앞이 보이지 않는 길을 믿음으로 선택하고 걸어가면 생각지도 않았던 길이 열린다.

그레이스 리라는 필리핀의 유명 앵커가 있다. 이 자매는 한국인으로, 10세에 부모와 필리핀으로 이민을 갔다. 그런데 형편이 어려워

국제학교에 다닐 수 없어 필리핀 현지 학교에서 따갈로그어와 영어로 교육을 받았다.

어느 날, 자매는 교회에서 집사님들이 이런 말을 하는 것을 듣게 되었다.

"현지 학교에 보내면 안 돼. 그러면 애들이 따갈따갈하는 영어를 배운단 말이야."

어린 그레이스는 그 말에 상처를 받았고, 자신의 영어 발음이 나빠질까 봐 두려웠다. 사실 영어는 발음이 그리 중요하지 않다. 그런데 한국 사람들은 발음이 좋으면 영어를 잘한다고 착각한다. 영어권에서는 영어 발음이 좋아도 표현력이나 어휘 구사력이 부족하면 좋은 영어로 평가 받지 못한다.

영어로 사고하고 표현할 수 있는 능력이 있느냐가 더 중요하다. 또한 국제 사회에서 활동하려면 프랑스식 영어 발음, 인도식 영어 발음, 필리핀식 영어 발음에 익숙해질 필요가 있다. 영어는 더 이상 영국과 미국의 전유물이 아니기 때문이다.

그레이스는 정확한 발음 연습을 하기 위해 학교에 다녀오면 CNN이나 블룸버그 통신을 틀어놓고 계속 들었다. 미국 앵커가 하는 말을 따라 하기도 했다.

한편, 그녀의 부모는 현지 강사를 구해 그레이스의 따갈로그어 공부를 돕게 했다. 그녀는 현지 대학에 입학하기로 결정하고, 제수

이트 교단에서 운영하는 가톨릭 대학에 진학했다. 후에 그녀는 그것이 좋은 결정이었다고 회상했다. 전 세계를 다녀보니 이 대학 출신들이 세계 곳곳에 퍼져서 자리 잡고 있었고 동문으로서 도움 받는 경우도 있었다고 한다.

그녀는 졸업 후에 방송 일에 관심이 생겨서 무작정 방송국으로 찾아갔다. 일반적으로 방송국은 공채로 사람을 뽑는다. 그런데 무작정 찾아갔는데도 관계자가 그녀를 만나줬다. 그리고 프로그램 하나를 시범 삼아 맡겨준 것이 방송 활동의 시작점이 되었다.

당시 방송국 고위 관리가 그녀를 만나준 이유는 그녀가 한국계였고 영어와 따갈로그어를 정확하게 구사했기 때문이었다. 그녀는 문법을 제대로 배웠기에 현지인들보다 정확히 구사할 수 있었다.

그래서 뉴스 앵커가 됐을 뿐만 아니라 엔터테인먼트(예능) 프로그램도 하게 되었다. 한국에서는 아나운서가 다양한 분야의 프로그램을 맡기도 한다는 말을 들은 방송국 국장이 그녀에게 기회를 주었다. 한국 사람이니까 한국식으로 해보라고 했다. 그 결과, 그녀는 필리핀에서 가장 유명한 한국계 인사 중 한 명이 되었다.

이 자매는 부모님이 경제적인 능력이 부족해서 현지 학교에 보낸 덕분에 다른 한국계 자녀들은 할 수 없었던 독특한 영역을 개척할 수 있었다. 어려운 환경에 낙담하지 않고 그것을 자신을 성장시키는 발판으로 활용한 케이스다. 아이들의 환경이 그들의 인생을 결정하는 게 아니라는 것을 보여주는 좋은 예라 할 수 있다.

자녀들 중에는 더디게 성장하고 경쟁 의욕도 없는 아이들이 있다. 그런 자녀들을 위해 예비하신 하나님의 길을 신뢰하면서 해외의 다양한 문도 두드려보면 어떨까? 대학에 진학하기 위해서는 다양한 길이 있는데 굳이 사교육을 시키느라고 씨름하며 아이들을 입시 준비에 찌들게 할 필요가 있을까?

아이들이 살아갈 시대는 한국이 무대가 되기에는 너무 좁다. 앞서 말했듯이 한국의 경제 성장은 한계점에 다다랐기 때문이다. 이런 생각을 하는 부모들이 많다.

'내가 돈을 이만큼 버니까 서울의 중간급 대학에 맞춰서 보내면 되겠다. 열심히 벌어서 학원비를 대는 것까지가 내 역할이야.'

나는 자녀 교육에 있어서 자기 생각에 머물지 말고, 믿음을 사용해보라고 말하고 싶다. 아이들이 안전지대를 벗어나서 스스로 미래를 찾아갈 수 있도록 돕길 바란다. 그들이 다양한 분야에 도전하고, 스스로 새로운 직업과 먹거리를 찾아갈 수 있도록 용기를 주고, 기도로 지원하며 격려하길 바란다.

기도하는 부모의 자녀들은 어려움을 돌파하는 특별한 힘이 있다. 세상이 두려움을 심으며 따라오라고 하는 자녀 교육의 패러다임을 믿음으로 분별하고 과감하게 배척해야 한다.

아이들을 위한 새로운 길을 찾으며 생각을 넓혀보라. 대학을 잘 나와야만 좋은 길을 가는 것도 아니다. 아이들을 조금 고생시킬 각오를 하면 대학 이후의 세상이 훨씬 더 넓고 크다. 그들이 가서 섬길 나라와 회사가 너무나 많다.

내가 하버드대를 졸업할 즈음이었다. 당시 일자리를 찾던 IT전공자들이 하는 말을 들었다.

"나는 미국에 남아야 될 것 같아."

"왜?"

"한국에서는 내 전공으로 갈 수 있는 회사가 두세 군데밖에 없어. 미국에는 하나의 특수 분야에도 보통 50개, 많게는 200개까지 일자리가 있는데 말이야."

좁은 데서 적은 선택지를 두고 서로 경쟁하게 만들지 말고 자녀들이 다른 세계를 경험할 수 있도록 도전해보면 어떨까?

대학부터는 부모의 손이 자녀들에게 거의 닿지 않는다. 그 이전까지가 부모와 자녀가 함께할 수 있는 중요한 시간이다. 그 소중한 시기를 사교육에 빼앗기지 말고, 아이들 안에 부모의 사랑을 심고, 하나님 아버지에 대한 관심을 싹 틔우는 기회로 삼아야 한다.

좋은 학교란?

따뜻한 관계가 있는 학교

몽골국제대학교를 섬길 때, 내가 기존에 갖고 있던 학교에 대한 가치관에 도전을 받았다. 어느 날, 학생들이 외부 인사와 인터뷰를 하게 되었다. 인터뷰 동영상을 찍으며 아이들이 말했다.

"우리 학교는 세계에서 제일 좋은 대학이에요."

나는 속으로 생각했다.

'과장이 좀 심하구나. 너희가 진짜 좋은 학교가 어떤 학교인지 잘 몰라서 그래.'

그때까지 나는 소위 명문대에 대해 많이 알고 있다고 생각했다. 많은 명문대를 방문했고, 학교 관계자나 교수, 졸업생들을 만나보았기 때문이다. 그래서 학생들이 하는 말이 과장이라고 여겼다.

하루는 딸아이가 내게 말했다.

"우리 MK학교(몽골 선교사자녀 학교)가 세계에서 제일 좋은 학교예요."

당시 MK학교는 시설 면에서 보잘것없었다. 예전에 러시아군이 쓰다가 떠난 막사를 개조한 교실은 굉장히 좁았고, 아이들이 뛰어 놀 운동장도 없었다. 더구나 주변은 윗동네에서 내려오는 석탄 연기가 자욱해서 결코 좋은 환경이 아니었다. 나는 속으로 생각했다.

'서연아, 네가 아직 세상을 몰라서 그래.'

그런데 1년쯤 지나자 아이들의 말이 맞았다고 인정하게 되었다. 당시 딸아이에게는 몽골이 세계에서 가장 살기 좋은 곳이었다. 아이들에게 소중한 건 좋은 시설이 아니라 좋은 관계였다.

우리가 인도네시아에 와서 얼마간 머물다가 비자 때문에 싱가포르에 잠시 나갔을 때, 한 목사님이 우리 아이들을 데리고 시내에 가서 좋은 건물들을 보여주셨다.

"얘들아, 싱가포르가 참 예쁘고 좋지? 나중에 여기 와서 살고 싶지 않니?"

그러자 서연이가 말했다.

"정말 예쁘고 좋은데요, 몽골만큼은 아니에요."

세계에서 가장 열악한 나라 중 한 곳으로 꼽히는 몽골이 아이에게는 가장 살고 싶은 나라였다.

"제가 살고 싶은 나라는 첫 번째가 몽골, 두 번째가 한국, 세 번째가 미국 그 다음이 싱가포르예요."

생각해보니, 이것은 아이가 좋아하는 사람들이 많이 사는 순서였다. 그런 맥락에서 몽골국제대학교 학생들이 인터뷰에서 한 말도 맞았다. 그들은 빨리 월요일이 되어 학교에 가기를 기다리고, 금요일이 되면 아쉬워했다. 학교 안에서 교수님과 친구와 좋은 관계가 이루어졌기 때문이다.

그 기준으로 보면 내가 다녔던 하버드대나 서울대는 그다지 좋은 학교는 아니었다. 학생들을 위해 자기 인생을 줄 수 있고, 희생할 수 있다는 교수가 없었다. 나는 몽골에 들어가기 전에는 월급을 못 받아도 기꺼이 아이들을 가르치겠다는 교수를 한 명도 만나지 못했다.

하지만 몽골국제대학에는 그런 교수들이 있었기에 아이들이 월요일이면 학교로 달려왔다. 나는 오늘도 '숫자로 계량할 수 없는 관계의 따뜻함이 좋은 학교를 만드는 가장 중요한 요소가 아닐까?' 하는 생각으로 인도네시아에 학교를 세워가고 있다.

직업과 소명

한국 사회는 직업을 통해 개인의 정체성을 찾는 경향이 강하다. 직업이 신분을 의미하는 전통 속에서 오래 살아왔기 때문이다. 제사 지방(紙榜)을 쓸 때도 직위를 중요하게 여긴다. 조상의 높은 직위는 가문의 영예로 인식된다. 그래서 처음 만나는 사람과 명함을 교환하는 문화를 갖고 있다. 명함에서 제일 중요하게 부각되는 부분도 직업과 직급이다. 시대가 바뀌어서 편한 직업, 쉽게 돈 버는 직업을 좋은 직업으로 보기도 한다. 그런데 이런 직업을 갖는 것이 정말 성공일까?

우리는 '자녀가 어떤 직업을 가졌는가'보다 '어떤 모습으로 사는가'에 초점을 맞춰야 한다. 우리의 자녀 세대는 아마 80-90세까지 살 것이다. 그래서 첫 직업이 그리 중요하지 않을 수도 있다. 어느 대학을 졸업했는가도 세월이 지나면서 점점 중요하지 않게 될 것이다.

일생 동안 다양한 직업을 갖게 될 것이며, 그것이 점점 더 보편화될 것이다. 나도 직함을 따져보니 선교사, 교육가, 저술가(professional writer), 교육 사업가, 설교자, 강사, 재단 이사장 등 일곱 가지나 된다.

한 사람의 인생을 한 직업으로 규정할 수 없는 시대가 되고 있다. 그런데 여전히 우리는 아이들에게 "너는 앞으로 커서 뭐가 될래?"라고 묻는다. 어떤 직업을 원하는지 묻는다. 마치 이 질문을 "네 꿈은 뭐냐?"와 동의어로 생각한다.

하지만 직업과 소명은 다르다. 하나님의 부르심은 삶의 모습이지 직업이 아니다. 자녀들의 인생을 어떤 직업으로 한정해서 지도하지 않기를 바란다. 자녀들의 인생은 그들이 갖게 될 직업보다 훨씬 크다. "청년들이여 꿈을 가져라! 비전을 가져라!"라고들 말하지만, 이 꿈은 자기가 스스로 갖는 게 아니다. 소명은 자기가 원해서 선택하는 것이 아니고 하나님으로부터 받는 것이다.

요셉이 자기가 스스로 꿈꾸고 싶어서 꿈을 꾼 것이 아니다. 하나님으로부터 꿈이 일방적으로 주어졌다. 그런데 그 꿈은 '한 나라의 국무총리가 되는 것'에 초점이 있는 것이 아니라 '그의 삶을 통한 하나님의 구원 계획의 실현'에 있었다.

나는 인도네시아에서 선교사로 살면서 공동체에게 "지위를 가지고 사역하지 말고, 삶의 영향력을 가지고 사역하라"라고 당부한다. 지위를 가지고 사역하면 그것을 잃어버리게 될 때 영향력도 끝난다.

나는 22년째 해외에서 살면서 많은 젊은이들을 만났다. 그 가운데 한동대학교 졸업생들이 동남아 지역에서 하나님의 마음으로 세상을 품고 사업하는 모습을 보았다.

그들은 베트남에서 서민들을 위해 저렴한 비용으로 주택을 공급하는 회사를 운영하고, 싱가포르에서 파트너와 신뢰를 쌓으며 함께 투자회사를 창업했다. 신앙을 바탕으로 새로운 땅에서 최선을 다해 그 지역을 섬기며 사업을 하고 있었다.

그런 삶을 살다보면 때로 실패의 순간을 만나기도 할 것이다. 그러나 이것을 두려워할 이유는 없다. 왜냐하면 그 실패마저도 미래를 위한 투자이자 성장의 기회이기 때문이다.

기독교교육 운동은 교회 쇠퇴를 막고
새로운 부흥을 준비하는 하나의 대안일 수 있다.

기독교학교의 꿈

인도네시아에 와서 초기 3년은 물밑에서 조용히 기초를 다지는 시간이었다. 그 후 초·중·고등학교를 세우고, 학교의 첫 건물을 건축하며 대학을 세워가는 분주하고도 긴장된 시간을 보냈다. 그 가운데 하나님께서 특별한 방법으로 일하셨다.

나는 2015년 3월에 교육사역팀과 함께 우리의 자녀들을 위해 자카르타 외곽의 작은 위성도시인 찌까랑 지역에서 새로이 학교를 시작했다. 미국 남침례교단을 중심으로 계발되어 70년의 역사를 가지고 운영된 스쿨 오브 투모로우(School of Tomorrow, 이하 SOT)라는 자율학습형 프로그램에 기반하여 선교사와 교민 자녀들을 위한 소규모 학교를 열었다. 그리고 그 이름을 '코너스톤 아카데미'로 결정했다.

우리는 이 초·중·고등학교를 기독교대안학교 형태로 시작했다. 한 해 전에 새로운 법안이 생겨서 인도네시아 정부가 이슬람학교인 프산트린 외에 기독교를 전문적으로 가르치는 특성화 학교를 법적으로 허가해주었다. 우리 학교는 영어로 가르치고 미국의 기독교교육 커리큘럼을 사용하기에 정부 인가 학교가 될 것이라고 전혀 생각하지 못했다.

안 되면 그만이라는 생각으로 초등학교를 허가 받기 위해서 신청

서를 냈는데 덜컥 허가가 나왔다. 기독교 과목과 인도네시아어 과목을 인도네시아어로 가르치고, 정부가 요구하는 몇 가지 조건을 맞추면 되었다. 최대 무슬림 인구를 가진 나라에서, 선교사가 세운, 미국식 커리큘럼으로 가르치는 학교가 정부 인가를 받으리라고 누가 상상이나 했겠는가!

SOT 프로그램은 1960-1970년대에 미국의 남침례교 그룹에서 시작한 교육 프로그램이다. 당시 미국 공립학교가 기도 시간을 폐지하는 등 급속도로 세속화되었다. 이에 저항하여 크리스천 홈스쿨러들이 생겨났다. SOT는 홈스쿨을 학교 시스템으로 만들어낸 교육 프로그램이다.

그래서 전통적인 교실에서 선생님이 학생에게 강의하는 방식이 아니라 학생들이 교재를 따라서 스스로 공부하는 방식을 채택했다. 선생님이 아닌 슈퍼바이저가 학생들이 목표를 잘 정하고 공부할 수 있도록 지도하는 역할을 맡는다.

이것은 전통적인 음식점과 프랜차이즈 레스토랑의 차이로 설명할 수 있다. 전자는 요리사가, 후자는 시스템이 음식을 만들어낸다. 마찬가지로 SOT 프로그램은 교사가 아닌 시스템이 학생들을 이끌면서 교재와 시스템이 담고 있는 성경적 가치관으로 그들을 영적, 정서적, 인격적으로 성장하도록 도와준다.

교사와 시설에 대한 의존도가 낮아서 작은 규모와 저비용으로도 학교를 운영할 수 있다. 또 교회가 운영하기에 용이하다. 이 학교 시스템이 교회와 같이 갈 때 인도네시아 교회는 차세대 부흥을 위한 강력한 엔진을 장착하게 될 것이라 기대한다.

그런데 이 프로그램은 미국에서 활발히 사용되다가 다소 수그러졌다. 기독교교육의 대안들이 계속 나오면서 다른 교육적 옵션이 많아졌기 때문이다. 반면 선교지, 특히 교사 수급이 어려운 지역에서는 좋은 대안으로 떠오르고 있다. 그래서 인도네시아의 많은 학교와 중국의 지하교회에서 이 프로그램으로 학교를 운영하고 있다. 필리핀에서도 100만 명 정도가 SOT 방식으로 공부하고 있다.

어느 프로그램이든지 약점과 강점이 있다. 이 프로그램은 교사와 학생이 상호 관계 속에서 지식을 주고 받는 훈련이 취약하다. 그래서 협동학습이나 예술 교육의 영역에서 취약점이 있다.

우리 학교에서는 인도네시아 정부의 가이드라인을 따라서 일부 과목은 교사가 직접 강의를 진행하는 것으로 프로그램을 보완하고 있다. 또한 음악 캠프, 미술 캠프 등의 예체능 캠프를 열고 협동학습 프로그램을 도입해서 약점을 보완하고 강점을 살리는 변화를 시도하고 있다. 우리 학교를 통해 비슷한 학교가 인도네시아에 많이 만들어지기를 바란다. 그래서 우리는 당분간 학교의 규모를 키우지 않고 유지하려고 한다.

각자 처한 나라나 환경에 맞는 모델이 다를 수 있다. 그것을 잘 찾아서 자녀 교육의 기독교적 대안을 찾아야 한다. 미국은 교회가 교육에서 손을 떼면서 점차적으로 기독교가 쇠퇴하는 모습을 보인다. 유럽도 마찬가지이다. 지금 한국도 그 전철(前轍)을 밟고 있는 것으로 보인다.

기독교교육 운동은 교회 쇠퇴를 막고 새로운 부흥을 준비하는 하나의 대안일 수 있다. 아이들이 균형 잡힌 시각으로 문화와 사회를 볼 수 있고, 성경적인 가치관에 입각해서 사고하도록 가르쳐야 한다. 그리고 기독교 가치와 복음을 변증하고 자신의 신앙에 근거한 생각들을 당당하게 논리적으로 설명해낼 수 있도록 키워야 한다.

돌아가는 삶의 여유

전통 사회에서 현대 사회로 이행되는 과정에서 우리 사회는 단기간에 경제 성장을 이루었다. 빠른 시간에 고속도로를 건설하고 도시를 세워가면서 직선을 향한 삶을 살았다. 차로 여행을 하면 최단거리를 찾아서 전속력으로 달려갔다.

누구보다 앞서가기 위해 경쟁적으로 달리던 내가 새로운 관점으로 인생을 조망하게 된 계기가 있었다. 몽골에서 어느 산에 올라 아래를 내려다보니 강이 구불구불 흐르고 있었다.

처음에는 강이 정처 없이 흐른다고 느꼈는데 곰곰이 생각해보니 강은 한 방향으로 흐르고 있었다. 제멋대로 흐르는 것이 아니라 중력의 힘에 이끌리고 있었다. 낮은 곳을 향해 굽이굽이 강이 흐르자 그 주변이 푸르러졌다. 광야 가운데 그 푸름을 따라 많은 생명이 깃들고 있었다.

내가 한국과 미국에서 엘리트 코스를 밟으며 달렸던 삶이 직선 코스였다면, 몽골에서는 누군가의 필요에도 반응해주면서 곡선 코스의 삶을 살게 되었다.

한번은 인도네시아에서 한 폭포를 봤는데 아주 요란하게 쏟아졌다. 정작 가까이 가서 보니까 물의 양은 많지 않았다. 그런데도 그 폭포가 장관을 이룰 수 있었던 이유는 낙차가 너무 컸기 때문이다. 낙차가 크면 그만큼 에너지가 발산이 된다.

이것이 영향력이다. 올라가는 삶이 아닌 또 다른 종류의 삶이 존재한다. 그리고 그런 내려가는 삶에는 놀라운 영향력이 분출된다. 가난함과 불편함을 개의치 않는 삶은 많은 에너지를 주변에 발산한다.

몽골에서 배운 것이 있다. 시간은 아낀다고 아껴지는 것이 아니라는 것이다. 오히려 기꺼이 베풀 때 더 풍성하게 돌아온다. 몽골에서 남을 위해 시간을 낭비하는 훈련을 하면서 그것이 도리어 나를 시간의 속박에서 자유하게 함을 경험했다. 손해 보는 것을 기꺼이 감수하면 망할 것 같은데 망하지 않았다. 때로는 멀리 돌아가는 것 같은데 그것을 통해 얻는 것이 있었다.

하나님의 부르심을 느끼고 미국 대학의 박사과정에 지원할 때 중국사에서 이슬람 역사로 전공을 바꿔야 했다. 그 길은 돌아가는 길, 망하는 길처럼 보였다. 나는 이슬람 역사를 공부하면서 기초가 부족해서 한계를 많이 느끼며 힘든 시간을 보내기도 했다.

하지만 결과적으로는 중국사 연구의 경험이 이슬람 역사 연구와 연결되면서 나만이 할 수 있는 독특한 영역의 연구로 찾아갈 수 있었다.

돌아보니 내가 이슬람사로 멀리 돌아갔기에 얻을 수 있었던 새로운 관점이었다. 빨리 가는 것이 능사가 아니었다. 하나님은 우리 삶의 전 영역이 학습의 장소가 되어, 거기서 배운 무언가가 다음 단계의 섬김에 활용되도록 이끌어가신다.

만약 공부를 마치고 몽골로 떠나지 않고 미국에서 좀 더 안락한 삶을 살겠다며 어느 대학에 자리 잡으려고 애썼다면 내가 다른 사람들에게 미칠 수 있는 영향력은 굉장히 제한되었을 것이다.

나는 인도네시아에 올 무렵 큰 수술을 받고 후유증으로 몸이 심하게 아팠다. 그래서 예전보다 체력이 많이 떨어졌다. 그때 비로소 보이는 것이 있었다. 약해지고 느려져야 보이고 경험되는 것이었다. 그런 시간을 가져야만 인생에서 이해되는 부분이 있음을 깨달았다.

이후, 나는 늙는 것이 서글프거나 두려운 것이 아니라는 생각을 하게 되었다. 나는 더 늙고 싶고, 내 노년이 기대가 된다. 그때는 지금보다 좀 더 성숙한 모습으로 누군가를 섬길 수 있을 것이기 때문이다.

마무리 글

하나님을 따라가는
자녀 양육

하나님이 예비하신 새로운 길

인도 첸나이를 방문했을 때, 사도 도마의 유적지를 방문한 적이 있다. 성도마교회의 예배당 안쪽 벽에는 열두 사도들의 마지막 순교 장면을 그린 그림이 걸려있었다. 사도들의 마지막 순간을 보면서 모두가 공통적으로 자연적인 죽음을 맞지 않았다는 사실을 새삼 깨달았다.

칼에 맞아 죽고, 십자가에 거꾸로 매달려 죽고, 창에 찔리고 활에 맞아 죽었다. 진리 가운데 살아가노라면 때로는 공격과 어려움과 환난을 맞을 수 있다. 제자가 되는 삶은 희생을 각오하는 삶이다. 그 희생이 두려워서 진리를 따라가는 걸 거부하지 않는 삶이다.

하나님나라의 정신을 가지고 이 땅에서 자녀를 주님의 제자로 양육하려 할 때, 때로 손해 보는 것이 두려워도 우리가 가야 할 길이 있다. 그래서 용기를 가지고 자녀들에게 말해야 한다.

"얘들아, 다수의 사람들이 따라가는 길이 꼭 좋은 길이 아닐 수 있단다. 그것 때문에 주눅 들지 말고 하나님이 예비하신 새로운 길을 함께 찾아가보자."

선교지에서 학교를 세우고 또 자녀를 양육하는 과정에서 일이 원하는 대로 되지 않고 지체되는 경우가 있다. 또 내가 잘할 수 있는 게 그다지 많지 않다는 생각도 든다. 그럼에도 하나님께서 우리 가정과 공동체에 갖고 계신 계획을 기대하고 믿음으로 견디며 걸어갈 때 계속되는 승리를 경험할 수 있다.

자녀를 키움에 있어서도 믿음을 사용하는 것이 필요하다. 자녀를 교육하며 두려움이 몰려올 때 부모는 낙담한다. '내가 무언가 잘못 결정하거나 능력이 부족하거나 실수해서 내 자녀의 인생에 결핍이 생기고 실패로 이어지면 어떻게 하나' 하는 두려움이다. 우리가 믿음을 가질 때 두려움에서 자유할 수 있다.

이 땅에 있는 그 어떤 교육 체제나 시스템, 커리큘럼, 학교도 완벽하지 않다. 어쩌면 내 자녀에게 꼭 맞는 교육적 상황을 만날 수 없을지도 모른다. 또 내가 생각하는 최고가 자녀에게 가장 잘 맞는 길이 아닐 수도 있다.

이 선택 과정에서 나 자신을 의지하는 것은 어리석은 일이다. 하나님께 묻고 기도하며 지혜와 도우심을 구하는 시간이 필요하다.

또한 자녀의 일생을 하나님께 의탁하며 부담감을 내려놓고 한 걸음 물러서서 자녀의 진학이나 진로를 대하는 것이 필요하다.

"하나님을 의지하라. 하나님의 일을 하나님의 방법대로 행하면 하나님의 공급하심이 결코 끊이지 않을 것이다."

"하나님을 향한 우리의 믿음이 실패하지 않으면 하나님의 도우심은 실패하지 않는다."

이것은 중국내지선교회를 개척한 허드슨 테일러의 명언이다. 이 말은 단지 선교에만 해당되지 않는다. 자녀 양육의 영역에서도 적용할 수 있다. 만약 우리가 하나님을 의지하며 그분의 방식대로 자녀를 키운다면, 또 양육의 목적이 하나님의 영광을 위한 것이라면 하늘로부터의 공급은 계속될 것이다.

하나님을 신뢰하고 믿음으로 자녀를 키우겠다고 결단하고 나아가면서도 때로는 자녀에게 실망하고, 자신의 마음에 들지 않는다고 느껴질 때도 있을 것이다. 하나님 안에 있다고 해서 인간적인 눈으로 볼 때 실패라고 느껴지는 상황을 항상 피해 갈 수 있는 것은 아니다.

그런데 하나님께 붙어있으면 망해도 망한 것이 아니다. 망한 것 같은데 앞날이 두렵지 않다. 망해도 새로운 기회가 찾아오고, 길이 막힌 것 같은데 또 다른 길이 예비되어 있음이 보일 것이다.

시험에 실패했다고, 원하는 대학에 진학하지 못했다고 끝난 것이 아니다. 이런 실패로 여겨지는 시기는 내가 원하는 것이 아닌, 하나님께서 내게 필요하다고 여기는 것을 공급하시는 시간이다. 그러한 상황 가운데에서도 하나님께서 허락하실 궁극의 승리와 기쁨을 신뢰하며 믿음으로 계속 나아가야 한다.

나는 자녀를 키우면서 내가 살아왔던 모습을 돌이키고 변화되는 기회를 얻게 되었다. 어찌 보면 아이를 키운다는 건 예전의 내가 조금씩 죽어가는 과정을 갖는 것이다. 이를 통해 우리는 하나님을 더 깊이 만난다. 때로는 '자녀를 위해 나는 아무것도 할 수 없구나' 싶은 순간들과 맞닥뜨리게 된다. 그것은 부모가 무엇을 잘못해서 생기는 것이라기보다는 아이와 부모의 유익을 위해서 허락된 시간이다. 이런 과정을 경험하면서 내 안에 내가 죽고 예수 그리스도가 사시는 것을 몸과 마음이 함께 경험한다.

내가 자녀 교육 세미나 때 했던 마무리 기도로 마지막 말을 대신 하고 싶다.

하나님, 우리의 마음 깊은 곳의 불안을
주님 앞에 내어놓습니다.

사탄이 집요하게 심어준 경쟁의 논리,
무언가를 하지 않으면 뒤처질 것 같고, 죽을 것 같고,
세상의 끝에 도달할 것처럼 느껴지는
불안과 두려움 때문에
"남들도 다 이렇게 하는데, 왜 너만 못해!"라고
아이들을 윽박지르고,

때로는 좋은 학원에 다니게 하는 것만으로
부모의 역할을 다한 것으로 착각하면서
아이들과 말씀 안에서 함께 씨름하며

직접 하나님에 대해 가르치는 노력을 포기했다면,
주님, 우리를 긍휼히 여겨주시고 인도해주십시오.

우리가 스스로와 자녀의 삶을 이끌어가려 했던
애씀이나 집착을 잠시 내어놓고
주님을 바라보고 신뢰하며 기대하기를 원합니다.
때로는 길이 막힐 때마다
불안하고 두렵고 좌절이 찾아오겠지만
그것에 지지 않게 하시고
믿음이 승리하는 아름다운 결실들이
나와 내 자녀의 삶 가운데 나타나게 해주십시오.

실패를 두려워하지 않게 해주시고,
고생을 걱정하지 않게 하시며,
내 뒤에서 나를 붙들고 인도하셨던
그 하나님의 손길을 신뢰하면서

우리의 자녀들의 미래를

주님께 온전히 의탁할 수 있게 이끌어주십시오.

우리 안에

“너희가 진리를 알지니

진리가 너희를 자유케 하리라”라는 말씀이

자녀 교육의 영역에 있어서도

살아 역사하실 수 있도록

주님, 함께하여 주옵소서.

우리 주 예수 그리스도 이름으로 기도합니다.

아멘.

가정, 내어드림

초판 1쇄 발행 2017년 10월 27일
초판 15쇄 발행 2025년 5월 7일

지은이 이용규

펴낸이 여진구
책임편집 김아진
편집 이영주 박소영 최현수 구주은 안수경 김도연 정아혜
책임디자인 마영애 노지현 | 조은혜 정은혜
홍보 · 외서 진효지
마케팅 김상순 강성민
제작 조영석 허병용
마케팅지원 최영배 정나영
경영지원 김혜경 김경희

303비전성경암송학교 유니게 과정
이슬비전도학교 / 303비전성경암송학교 / 303비전꿈나무장학회

펴낸곳 규장

주소 06770 서울시 서초구 매헌로 16길 20(양재2동) 규장선교센터
전화 02)578-0003 팩스 02)578-7332
이메일 kyujang0691@gmail.com 홈페이지 www.kyujang.com
페이스북 facebook.com/kyujangbook 인스타그램 instagram.com/kyujang_com
카카오스토리 story.kakao.com/kyujangbook
등록번호 1922-2461
since 1978.08.14

책값 뒤표지에 있습니다.
ISBN 978-89-6097-512-5 03230

규 | 장 | 수 | 칙

1. 기도로 기획하고 기도로 제작한다.
2. 오직 그리스도의 성품을 사모하는 독자가 원하고 필요로 하는 책만을 출판한다.
3. 한 활자 한 문장에 온 정성을 쏟는다.
4. 성실과 정확을 생명으로 삼고 일한다.
5. 긍정적이며 적극적인 신앙과 신행일치에의 안내자의 사명을 다한다.
6. 충고와 조언을 항상 감사로 경청한다.
7. 지상목표는 문서선교에 있다.

하나님을 사랑하는 자 곧 그의 뜻대로 부르심을 입은 자들에게는 모든 것이 合力하여 善을 이루느니라(롬 8:28)

규장은 문서를 통해 복음전파와 신앙교육에 주력하는 국제적 출판사들의 협의체인 복음주의출판협회(E.C.P.A:Evangelical Christian Publishers Association)의 출판정신에 동참하는 회원(Associate Member)입니다.